L'ILLUSION DÉMOCRATIQUE EN AFRIQUE

L'exemple du Sénégal

Etudes Africaines
Collection dirigée par Denis Pryen et François Manga Akoa

Dernières parutions

Joachim de DREUX-BRÉZÉ, *L'accession à l'indépendance de l'Afrique équatoriale française*, 2010.
Yao-Edmond KOUASSI, *Habermas et la solidarité en Afrique*, 2010.
Abdoulaye KANE, *Tontines, caisses de solidarité et banquiers ambulants*, 2010.
Essè AMOUZOU, *Le développement de l'Afrique à l'épreuve des réalités mystiques et de la sorcellerie*, 2010.
Régine LEVRAT, *Culture commerciale et développement rural. L'exemple du coton au Nord-Cameroun depuis 1950*, 2010.
E. NGUEMA MINKO, *Gabon : l'unité nationale ou la rancune comme mode de gouvernance*, 2010.
Sébastien Dossa SOTINDJO, *Cotonou, l'explosion d'une capitale économique (1945-1985)*, 2009.
Divine E. K. AMENUMEY, *Le mouvement de la réunification des Éwé*, 2009.
Gaston-Jonas KOUVIBIDILA, *La fuite des cerveaux africains*, 2009.
Essé AMOUZOU, *L'Afrique 50 ans après les indépendances*, 2009.
Solène LARDOUX, *Le mariage au Mali. Témoignages*, 2009.
Gisèle FOTSO, *L'enseignement de l'arabe au Cameroun*, 2009.
Jean-Emet NODEM, *Vente de médicaments à la sauvette à l'Ouest-Cameroun*, 2009.
Alexei JONES, *L'institutionnalisation de la participation de la société civile dans les politiques de développement*, 2009.
Elie SADIGH, *Afrique, le continent pillé. Atouts, handicaps, perspectives et propositions*, 2009.
Dr GUIBLEHON Bony, *Neveux et esclaves dans les rites funéraires chez les Wè et les Anyi-bona de Côte d'Ivoire*, 2009.
Stéphane SCRIVE, *La crise de la démocratie en Afrique*, 2009.
Henriette MANGA NDJIE BINDZI MBALLA, *Les Pygmées face à l'école et à l'État*, 2009.
Serge Armel ATTENOUKON, *L'Afrique : poubelle de l'Occident ? La gestion des déchets dangereux*, 2009.

Toumany MENDY

Avec la contribution de
Mamadou Alassane NDIAYE

L'ILLUSION DÉMOCRATIQUE EN AFRIQUE

L'exemple du Sénégal

Préface de Jacques TENIER

L'Harmattan

© L'HARMATTAN, 2010
5-7, rue de l'École-Polytechnique ; 75005 Paris

http://www.librairieharmattan.com
diffusion.harmattan@wanadoo.fr
harmattan1@wanadoo.fr

ISBN : 978-2-296-11448-7
EAN : 978229609114487

Des mêmes auteurs

Alassane Mamadou NDIAYE

- *Lettres posthumes,* Les éditions de la Lune, Paris, 2006
- Nombreux articles sur l'analyse politique et les relations internationales publiés dans la presse sénégalaise et internationale

www.alassane.canalblog.com

Toumany MENDY

- *Politique et Puissance de l'argent au Sénégal. Les désarrois d'un peuple innocent,* L'Harmattan, 257 pages, Paris, décembre 2006

- *SENEGAL, politiques publiques et engagement politique,* L'Harmattan, 232 pages, Paris, avril 2008.

- *L'immigration clandestine. Mythes, mystères et réalités,* L'Harmattan, 260 pages, Paris, Février 2009.

- *Aménagement du territoire et intégration sous-régionale ouest-africaine,* L'Harmattan, 168 pages, février 2010

- Nombreux articles de contribution sur la situation économique, politique et sociale du Sénégal, publiés dans la presse sénégalaise et panafricaine.

A Rosa Mandiang pour son travail de relecture et de correction du manuscrit de sa main si sûre.

A Dialil D. Diounkou Gomis

Avis aux lecteurs

Il est aisé de décrire et de critiquer. Mais que faire ? Dans cette contribution, nous ne proposons pas des solutions évangéliques mais à travers les débats, nous esquissons simplement des propositions, avec pour seule visée de provoquer la discussion et d'avancer dans le sens d'un système politique et démocratique qui fonctionne mieux. Nous dédions donc ce livre à tous les lecteurs qui partagent ou non, nos points de vue.

« Si le désordre règne dans un Etat, c'est le gouvernement qui en est responsable. En effet, les défauts des hommes sont les mêmes partout, et c'est aux institutions de les corriger. Le gouvernement le meilleur est celui sous lequel les hommes passent leur vie dans la concorde et celui dont les lois sont observées sans violation. Il est certain en effet que les séditions, les guerres et le mépris ou la violation des lois sont imputables non tant à la malice des sujets qu'à un vice du régime institué. Les hommes en effet ne naissent pas citoyens mais le deviennent. Les affections naturelles qui se rencontrent sont en outre les mêmes en tout pays ; si donc une malice plus grande règne dans une cité et s'il s'y commet des péchés en plus grand nombre que dans d'autres, cela provient de ce qu'elle n'a pas assez pourvu à la concorde, que ces institutions ne sont pas assez prudentes et qu'elle n'a pas en conséquence établi absolument un droit civil» (Spinoza, Traité politique :1925).

Démocrate par nature, aristocrate par mœurs, je ferais très volontiers l'abandon de ma fortune et de ma vie au peuple, pourvu que j'eusse peu de rapport avec la foule.

Chateaubriand[1]

«Démocratie : s'il existait un panthéon des termes magiques, en voilà un qui y trouverait une place de choix ; il pourrait même en être le fleuron. Rarement un mot n'a suscité autant d'espoirs, nourri autant de désillusions et incité à autant de confrontations, parfois nébuleuses, souvent ésotériques mais toujours passionnées sinon passionnelles.

Jacques Baguenard[2]
La démocratie, une utopie courtisée,
Ellipses Marketing, 1999

Ma bouche sera la bouche des malheurs qui n'ont point de bouche, ma voix, la liberté de celles qui s'affaissent au cachot du désespoir ».

En venant, je me dirais à moi-même : « et surtout mon corps aussi bien que mon âme, gardez-vous de vous croiser les bras en l'attitude du spectateur car la vie n'est pas un spectacle, car une mer de douleurs n'est pas un proscénium, car un homme qui crie n'est pas un ours qui danse.

Aimé Césaire
Cahier d'un retour au pays natal, 1939

---

[1] Extrait des Mémoires d'Outre-tombe
[2] Jacques Baguenard est professeur de science politique à l'université de Bretagne occidentale.

Sommaire

Préface
Préambule
Avant-propos
Introduction
Chapitre I. L'approche du pouvoir en Afrique
Chapitre II. Itinéraire de la victoire démocratique du 19 mars 2000
Chapitre III. L'alternance politique du 19 mars 2000 : affirmation du dogme démocratique mais…
Chapitre IV. A vous de juger
Chapitre V. Etat des lieux des contre-pouvoirs
Chapitre VI. Anecdote Wade/Seck : entre impunité et raison d'Etat
Chapitre VII. La démocratie sénégalaise face à de nouveaux défis
Chapitre VII. Un autre Sénégal est possible mais à condition de réinventer une nouvelle citoyenneté
En guise de conclusion
Après-dire. Mais enfin… ce que je crois
Bibliographie
Reconnaissance
Table des matières

Préface

Ecrivain désireux de relations plus égales entre l'Afrique et l'Europe, Toumany Mendy nous livre ici une analyse éclairante des promesses non tenues de la démocratie et du développement. Partant de la brillante alternance politique qu'a connue le Sénégal le 19 mars 2000, au moment même où la plus puissante des démocraties, les Etats-Unis d'Amérique, s'abîmait en Floride dans les manipulations électorales de l'ère Bush, il relate une constante dégradation du civisme et du sens du bien commun.

Le nouveau pouvoir, comme tant d'autres en Afrique – et ailleurs qu'en Afrique – ne semble intéressé qu'à sa conservation, au prix de toutes les corruptions et atteintes aux libertés publiques. L'auteur démontre de façon convaincante comment en l'espace de dix ans, le nouveau régime sénégalais a dilapidé la confiance du peuple, affaibli la république devant les exigences des marabouts et sacrifié l'investissement dans le développement économique et social mais aussi éducatif et culturel, du pays.

Toumany Mendy ne se contente pas de critiquer et de déplorer. Il ouvre des pistes. Il n'absout pas le peuple de tous les errements de ses dirigeants. Il lui demande de se réveiller. Il voit dans la formation d'une société civile, celle d'individus et de villages, de groupes et de quartiers solidaires entre eux, la source féconde d'un renouvellement de l'esprit public et de la déconsidération d'élites autoproclamées dont si peu de réalisations au profit du peuple peuvent être citées.

L'auteur ne dispense pas non plus les pays du Nord de ses critiques. Il souligne la collusion mortifère des profiteurs des deux rives, qu'elles soient celles de la Méditerranée, de l'océan Atlantique ou des mers asiatiques. C'est dans l'analyse des influences occidentales que réside d'ailleurs un sujet de désaccord entre nous, comme si la revendication de l'égalité entre les femmes et les hommes était culturellement lestée et ne relevait pas d'une exigence universelle affirmée par la déclaration des droits humains du 10 décembre 1948.

L'auteur appelle à une réinstitutionnalisation de la démocratie en Afrique et singulièrement au Sénégal, à la délégitimation des dérives despotiques et à une éthique de l'engagement citoyen dans le respect du cadre républicain et donc de la laïcité. Construire méthodiquement dans ce siècle de nouvelles médiations, celles des éducateurs, des syndicalistes, des associations, de la presse, des intellectuels, tel est le projet proposé. Il revient à investir en toute priorité dans l'éducation et dans la formation, non seulement des jeunes, mais de tous les citoyens au cours de leur vie.

Ainsi que l'écrit Jeremy Rifkin dans « Le rêve européen » (2005), la gravité des maux qui menacent notre planète rapetissée demande de substituer à notre désir incessant de propriété, un sens aigu de la responsabilité, de soi, pour autrui et pour le monde. Ce sont les actions collectives des sociétés civiles africaines, dans chaque pays et dans les relations transfrontalières entre voisins, qui, progressivement, discréditeront la conception si souvent répandue du pouvoir comme patrimoine. A ces conditions, difficiles mais certes pas impossibles à réunir au 21ème siècle, pourra prendre corps à son tour un rêve africain. Le livre de Toumany Mendy peut en être l'un des premiers jalons.

Jacques Ténier,
Magistrat, Professeur de Droit
Paris (France) et Gaborone (Botswana),
Novembre 2009.

Préambule

Démocratie : une idée-force qui illumine les combats les plus contradictoires, un mot-talisman que vénèrent tous les hommes politiques, à l'exception notable des dictateurs, au pire du bout des lèvres, au mieux la main sur le cœur.
Jacques Baguenard[3]

L'origine de la culture de la démocratie, que l'on assimile souvent à la civilisation occidentale ou simplement de l'Ouest, remonte à trois millénaires environ. Avec le temps, les théories du bien enseignées par Platon et Aristote ont donné lieu, parmi les Scolastiques médiévaux, à des conflits d'idées qui ont évolué en des traditions opposées au début de l'ère moderne avant de nous parvenir sous des formes aujourd'hui familières. D'un côté, on trouve la conviction que les affaires humaines comportent un profond aspect téléologique, que l'on peut comprendre comme un courant causal ou un ordre naturel. C'est le côté de ceux qui voient dans la finalité humaine la recherche du bien-être économique et de ceux qui considèrent que la société est structurée par la main invisible de l'ordre moral. De l'autre côté, se trouvent ceux qui sont convaincus que la liberté suprême réside dans le pouvoir de créer nos fins déterminantes, que l'homme n'est pas uniquement le lieu mais bien la source de valeur. Que cette liberté réside chez l'individu ou dans la société perçue comme un ensemble progressiste, le bien réside dans la volonté humaine, un pouvoir dont l'exercice le plus complet passe par l'autodétermination morale. De ce conflit entre philosophies anciennes qui ont chacune évolué au cours des millénaires, provient le modèle

---

[3] In *La démocratie, une utopie courtisée*, op.cit.

familier de désaccord idéologique qui caractérise la politique démocratique[4]. En effet, la démocratie sénégalaise souffre de manipulations indignes d'une république qui se veut vraiment exemplaire aux yeux de ses citoyens. La règle qui semble prévaloir aujourd'hui est que pour conquérir le pouvoir ou pour s'y maintenir, les politiques se livrent le plus souvent à l'exercice déraisonnable d'intoxications et de mensonges, de calomnie et de déconsidération de l'adversaire. Ils ne se retrouvent sur le même chemin que lorsque chacun y trouve son compte « personnel ». L'argumentation programmatique ne compte donc plus et c'est la preuve d'une démocratie imparfaite, voire malade. Oui, malade de profits. Comme les lecteurs pourront le constater dans les chapitres qui suivent, le vrai problème est qu'au-delà de l'oligarque démagogue qui mine le paysage politique et par-delà, la république, il y a aussi ce symptôme de l'aveuglement d'une grande partie de la classe politique devant la crise de légitimité profonde qui touche le système politique sénégalais et qui reflète en conséquence la crise de confiance qui l'éloigne du peuple. C'est aussi pour cette raison que nous tenons à revenir dans le second chapitre du livre, aux sources de l'expérience démocratique et d'analyser avec précision, les dynamiques sans doute prometteuses en termes d'engagement politique.

Lorsque nous parlons en effet ici de manipulations, force est de savoir que nous la distinguons ici sous deux formes en ce qui concerne la stratégie de gouvernance du président Wade. La première est celle dirigée contre la classe politique adverse. Son obsession consiste à casser cette opposition pour éviter tout adversaire potentiel. Son jeu favori, c'est de diviser l'opposition et de décrédibiliser ses ténors aux yeux de la population. A cet « aïkido

---

[4] Jacques Baguenard, op.cit.

politique » s'ajoute en effet la marchandisation politique pour racheter les petits partis politiques et tous les leaders affamés de l'opposition. La seconde manipulation et qui est sans doute la plus stratégique, est celle dirigée contre le pouvoir populaire. Et pour y parvenir, le président Wade fait usage de la démocratie compassionnelle. En outre, le compassionnel qui peut rejoindre bien souvent le festif, contribue à l'illusion de démocratie. Voilà ce que le président Wade a sans doute très tôt compris pour dominer l'opinion publique nationale et c'est ce qui nourrit, hélas, son illusion messianique. Aujourd'hui, même si certains citoyens (et sans doute la majorité) le désavouent, force est de reconnaître qu'une autre partie croit encore en sa clairvoyance et d'aucuns sont même prêts à donner leur vie pour le défendre contre les critiques des leaders d'opinion ou de l'opinion nationale et internationale. Du simple militantisme, certains militants du PDS sont quasi devenus des « *bay fall*[5] » *du* parti et de Me Wade en personne. Lorsque le président Wade parle de certaines choses ou fait certaines promesses "mirobolantes", le citoyen averti pourrait même se demander si le président ne délire pas. Mais nous pensons sans aucun doute qu'il est bien conscient de l'impertinence de ses propos mais qu'il le fait sciemment et sait à quel public s'adresser et à quelle occasion. Oui, quoi que l'on dise, le président Wade maîtrise bien la règle de la communication « politique » selon laquelle le discours politique doit tenir compte du public auquel on s'adresse : on traduit en « paysan », en « jeune », ou en « femme ».

Généralement, lorsqu'une partie de la population est frappée par un sinistre (cas des inondations par exemple), ou lorsque le pays traverse une crise particulière (qu'elle soit sociale, politique ou économique) ou enfin lors de certaines cérémonies funéraires (on l'a vu dans le cas du

---

[5] Expression wolof : disciples inconditionnels.

décès de la mère de Macky Sall, de l'épouse de Karim Wade, de la sœur cadette du président, etc.), le président Wade transforme ces évènements malheureux en évènements politiques où les tenants du pouvoir vident leurs contentieux qui les opposaient. Même si c'est inconvenant de parler de politique (et dans quel cadre encore !) et de révéler certains dossiers de la république dans un lieu de deuil, il faut tout de même reconnaître que c'est assez stratégique et intelligent de la part de Me Wade car c'est l'occasion idéale pour toucher les cœurs des Sénégalais. Quoi que l'on dise, le malheur en Afrique – surtout le décès – est l'évènement qui rassemble le plus, les gens et fait taire les divergences car c'est un moment de communion des cœurs. Autre fait, nous avons vu le président Wade rougir de colère avec même des larmes aux yeux dans certaines localités du pays lors de la campagne électorale de la présidentielle de février 2007 et des élections locales de mai 2009, tout simplement parce qu'il venait de se rendre compte que telle ou telle localité manquait de telle ou telle infrastructure ; une faille qu'il ne peut pas admettre dans « son » Sénégal qui gagne. Du coup, c'est tout de suite la pluie des promesses qui s'abat sur cette localité. Et ce qu'il faut comprendre dans ce jeu, c'est qu'il cherche à faire passer sa compréhension et sa compassion devant le malheur ou la catastrophe qui frappe ses concitoyens. Et cette représentation permet à juste titre une communion émotionnelle qui peut faire oublier les insuffisances gouvernementales et les lacunes de son pouvoir. Et alors, la posture a priori peut provoquer le jugement positif sur le prétendu président au grand cœur. En effet, tout détail pouvant faire passer le messianisme du président Wade n'est jamais ignoré dans les actes que pose le président lui-même ainsi que tous ses collaborateurs. On le voit souvent, en cas de circonstances difficiles, ce sont même les ministres qui sont les premiers à se transformer en pompiers des larmes et prêtres de l'émotionnel pour faire jouer le populisme de leur chef. Mais ce populisme, il faut l'avouer, se reconnaît à l'indétermination et au syncrétisme de ses orientations. Il contient tous les ingrédients idéologiquement variables pour faire un usage particulier, exclusif et systématique du principe de la souveraineté du peuple, à l'exercice duquel il réduit la vie démocratique ; pour défendre sa propre cause et ce, en faisant ostensiblement sienne, la cause du peuple. Voilà comment aujourd'hui on peut commenter les agissements du président Wade devant le peuple sénégalais : le guide et le sauveur du peuple sénégalais et même des Africains (car il propose à tous les services de sa médiation dans tous les conflits qui sévissent sur le continent noir) qui, par-delà, est présenté par ses acolytes comme un homme providentiel et faiseur de miracles et d'avenirs radieux pour le Sénégal. Pauvre démocratie ! Et dans ce scénario, on aboutit en fin de compte à une « déréalisation » de la politique à force de vouloir donner le caractère émotionnel et sensationnel. Du coup, n'est-ce pas que la volonté de séduction, voire le racolage, remplace finalement l'essai de persuasion en même temps que la posture remplace l'argument ? La critique de notre système démocratique actuel doit partir de là, et c'est ce que nous allons essayer de faire dans cette contribution.

Avant-propos

Ce qui constitue une nation, ce n'est pas de parler la même langue, ou d'appartenir à un groupe ethnographique commun, c'est d'avoir fait ensemble de grandes choses dans le passé et de vouloir en faire encore dans l'avenir .

Ernest Renan
Extrait de « *Qu'est-ce qu'une nation ?* »[6]

Par Alassane Mamadou Ndiaye

Dans son poème dramatique Chaka, Léopold S. Senghor fait dire au devin Issanoussi : « Le pouvoir absolu exige le sang de l'être le plus cher.»
Depuis son indépendance, le Sénégal produit une contradiction profonde entre son statut de « modèle démocratique en Afrique » et l'allergie de ses dirigeants successifs au désir de jouissance absolue de libertés démocratiques par les citoyens. Les répressions répétées de toutes les formes d'expression de ces libertés (marches publiques, grèves de syndicats, d'étudiants, etc.…), les arrestations et agressions contre les leaders politiques (Mamadou Dia sous Senghor, Abdoulaye Wade, Landing Savané, Ousmane Ngom sous Abdou Diouf, Talla Sylla, Amath Dansokho, Moustapha Niasse, Abdourahim Agne sous Wade) pour ne citer que ceux-là, les atteintes à la liberté de la presse (saccages d'installations de presse, emprisonnements et répression des journalistes) entre autres représentent un échantillon de ces ratés qui concourent à approfondir le fossé du passif démocratique qu'il faudra un jour solder. Chez des peuples dont on

---
[6] Conférence faite en Sorbonne le 11 Mars 1882.

célèbre la maturité de la démocratie, ce passif a été soldé par ce qu'il nous convient d'appeler « l'expérience de la douleur purificatrice ».

En effet, tout au long de l'histoire de la sédentarisation des peuples et de l'institutionnalisation de leurs droits, la formation d'Etats démocratiques a connu des cheminements marqués d'une succession de moments de léthargie, d'éveil, de doutes, de remises en question, de construction, de déconstruction et de reconstruction. La solidité des fondements des Etats qui sont aujourd'hui présentés comme des références parfaites de démocratie (USA, France, Canada, Grande-Bretagne, etc.) est le solde de la neutralisation entre expériences heureuses et malheureuses, voulues ou subies. Pour parvenir au consensus permettant la fixation pérenne de fondamentaux juridiques et politiques, piliers de la pacification définitive de leurs sociétés, ces Etats ont vécu un processus de démocratisation qui a transité par des épisodes de douleur et de sang. Dans ces milieux, les institutions démocratiques, le jeu équilibré de la pratique du pouvoir politique, les principes d'Etat de droit, de justice ainsi que ceux de liberté et d'égalitarisme ayant présidé à la constitution et à la sacralisation de l'idée de nation ont été obtenus dans un cadre de confrontations cycliques au cours desquelles les différentes étapes, passives et/ou violentes, se sont relayées jusqu'à ce que la formule consensuelle du modèle démocratique idéal soit stabilisée. Les expériences à travers le monde démontrent que la démocratie est une science qui a besoin d'avancer par erreurs assumées et rectifications décomplexées. C'est de la sorte que chaque société libre et démocratique a sédimenté son socle, c'est à dire par sa capacité mémorielle à replonger dans son référent historique sanglant, afin de revisiter les fondements de son identité actuelle et de pouvoir prudemment évaluer les conséquences de ses itinéraires prochains.

Si les Etats-Unis d'Amérique sont ce qu'ils sont, de par l'attractivité et la vitalité de leur démocratie, ils le doivent à la Guerre d'Indépendance ou révolution américaine (1775-1783) et la Guerre de Sécession (1861-1865). Ces deux événements référentiels et fondateurs de leur histoire leur servent de background chaque fois que certains éléments sont tentés d'envisager un autre tournant à la nation américaine.

La Guerre d'Indépendance, du point de vue de la symbolique de la formation de l'originalité de la nation américaine est beaucoup moins significative que la seconde. Dirigée contre un adversaire exogène, cette guerre était une lutte de libération contre la couronne britannique dont l'Amérique était une colonie. Elle n'est donc qu'une expérience d'autonomisation de l'Amérique en tant qu'entité géographique, territoriale et juridique qui ambitionne sa libre administration, comme beaucoup de pays en ont connu à travers le monde.

La Guerre de Sécession, au contraire, marque la référence mémorielle de l'auto-construction solitaire et endogène des USA. Non dirigée contre un acteur extérieur, elle constitue une rectification forcée d'une erreur originelle qui avait entaché le projet d'union des Etats américains. En effet, la Constitution américaine prévoyait qu'en cas de désaccord, les Etats qui le souhaitaient, pouvaient quitter l'Union. Sous le régime du nordiste Abraham Lincoln, les Etats confédérés du Sud mettent cette disposition à exécution et décident donc de faire sécession, au motif que politiquement et culturellement, ils sont différents des Etats du Nord plus industriels, capitalistes et puritanistes. Le consensus obtenu à l'issue de celle-ci sert aujourd'hui de référence cathartique et de point de repère à l'aune duquel est avalisé ou dénoncé tout discours porteur de tout projet social et/ou politique autre que celui issu de cette expérience du sang qui a raffermi la nation.

En Europe, le fondement démocratique de la France ne

peut être envisagé en dehors d'une re-contextualisation des aspirations populaires ayant conduit à la révolution française de 1789. La constitution de 1958, qui a inspiré celle du Sénégal, reprend, dans son préambule, les acquis sociaux, politiques et juridiques majeurs issus de cette expérience sacrificielle de l'auto-flagellation sanglante d'un peuple par lui-même et condensés dans la Déclaration des Droits de l'Homme et du Citoyen : « Tous les hommes naissent libres et égaux en droit… ».

En Afrique, l'Afrique du Sud, depuis 1990, prend appui sur le passé de son Apartheid pour les besoins de sa refondation sociétale. Le « pèlerinage » mémoriel des Sud-africains dans ce triste référent de leur histoire légitime la définition d'invariants comportementaux auxquels le nouvel Etat sud-africain et ses dirigeants sont désormais appelés à se conformer en vue d'inspirer et de mettre en œuvre l'idéal qui inspirait Nelson Mandela, celui d'une « société juste et équitable dans laquelle tous puissent vivre en harmonie et jouir ensemble de chance égale ».

Dans la sous-région, le Mali a connu son référent refondateur en 1992. L'intermède militaire du Colonel Amadou Toumani Touré (ATT) qui a relayé le face à face sanglant entre les élèves-étudiants et le régime du président Moussa Traoré a permis une véritable relance du projet démocratique de ce pays. Alpha Oumar Konaré, premier président élu de cette ère ATT a consolidé la démocratie malienne par son inclinaison devant les acquis normatifs issus de ce contexte post-expérience de la douleur.

Le Nigeria de l'ère Abacha sert de modérateur au Nigeria post-Obasanjo. L'histoire de ce pays est marquée par des cycles de remises en cause violentes du processus de démocratisation. De 1960 à 1998, l'Etat a connu, au moins six (6) expériences violentes d'alternance de régimes au pouvoir. Sous son régime, le Président Obasanjo, ayant constamment à l'esprit ce passé d'expériences de la douleur, s'est attelé à refouler en lui tout instinct de conservation du pouvoir au-delà du délai légal imparti par le peuple.

La Côte d'Ivoire présentait avec le Sénégal des similitudes eu égard à la linéarité de leur cheminement politique. Les deux Etats faisaient figure d'exception dans la sous-région pour n'avoir jamais connu d'expérience de sang en rapport avec leur formation souveraine (le mode d'accession à l'indépendance dans les années 1960), leur construction démocratique (parti unique -PDCI d'un côté, PS de l'autre- puis pluralisme politique progressif) et leur conservation pacifique (aucun coup d'Etat chez les deux). Le divorce des trajectoires interviendra en 1999 lorsque la Côte d'Ivoire connut à sa tête la première prise armée du pouvoir, quatre ans après la mort de son premier Président, F.H. Boigny. A cet événement, est venue s'ajouter la rébellion nordiste des Forces nouvelles de G. Sorro en 2002 contre le régime du Président Gbagbo. Ce dernier peut être vu aujourd'hui comme le président sacrificiel du passif de l'ère semi-démocratique du président Houphouët. A l'issue de cette période de transition douloureuse, la Côte d'Ivoire pourra, à son tour, rejoindre le rang des Etats qui, au sortir de leur expérience refondatrice de la douleur et du sang, disposent d'un référent historique pour planifier le traçage de nouvelles valeurs républicaines, leur projection dans le temps et modeler le comportement des acteurs de l'Etat.

Dans un tel schéma synchronique, où la capacité de réinvention d'un Etat démocratique réside dans la fixité, au cœur de la mémoire collective, du souvenir permanent d'un événement historique qui a marqué douloureusement les esprits, le Sénégal peut-il encore être considéré comme un modèle ?

La virginité par rapport à tout référent historique refondateur ne permet pas de poser objectivement de nouveaux idéaux et d'envisager un autre format de la société, du projet républicain, de l'Etat, de son « mental » et de ses institutions.

L'exception sénégalaise flatte une naïveté qui, elle, procède du compliment de « modèle démocratique en Afrique » que lui adresse, tous les vingt (20) ans, la Communauté internationale. Ce compliment est tiré moins de la consistance et de la garantie démocratique de la structure de l'Etat que de la personnalité des leaders qui ont, jusqu'ici, été chargés d'animer cette structure. En 1980, la transmission volontaire du pouvoir à Abdou Diouf par le Président Senghor a été saluée comme un acte de courage politique et démocratique. Or, cet acte était plus la conséquence des méditations métaphysiques et solitaires d'un homme de sagesse lassé par le pouvoir temporel qu'une traduction rationnelle d'une procédure démocratique préétablie (pas besoin de revenir ici sur la modification de l'article 35 de la Constitution qui a permis à Abdou Diouf, Premier ministre, de succéder à Senghor). Il a donc suffit d'une petite allocution radiotélévisée du poète-président rendant publique sa démission en décembre 1980 pour que les vingt ans d'un régime, jalonné d'épisodes parfois très répressifs (l'affaire Mamadou Dia de 1962, Mai 68…), soient passés à la lessive par l'opinion publique internationale. Place à l'ouverture « démocratique » sous Diouf.

Le 19 mars 2000, la reconnaissance téléphonique de sa défaite par le Président Diouf réconforte une nouvelle fois le monde sur l'inflexibilité de la trajectoire démocratique du Sénégal. Le courage dont a fait montre le candidat sortant pour offrir une bifurcation élégamment démocratique à la linéarité politique du pays permet de verser un deuxième compliment de « modèle démocratique » au compte du Sénégal. Après la passation des pouvoirs le 03 Avril, Abdou Diouf a fait route pour l'aéroport, la nuit tombait sur le Sénégal. Derrière lui, 40 ans de socialisme sans interruption. On voit donc qu'il a encore suffit à

Abdou Diouf d'un coup de fil de « félicitations » à son adversaire pour éponger, à son tour, 20 ans de démocratisation molle, de refus d'alternance politique et d'épisodes peu commodes en démocratie : arrestations d'opposants politiques, répressions de contestations populaires, emprisonnements de syndicalistes, *containment* de la liberté d'expression, etc.

Du nouveau président, le peuple exigea impatiemment le relèvement rapide de quelques défis : Lutte contre le chômage, la corruption, assainissement des finances publiques, meilleure gestion des ressources publiques et leur juste redistribution sociale, garantie des droits fondamentaux et des libertés individuelles, une bonne école publique pour tous, promotion de la bonne gouvernance etc. Mais le Président Wade pourrait lui aussi, saisir un moment opportun de son mandat pour poser un geste démocratiquement grand aux yeux de la communauté internationale et ainsi pouvoir passer l'éponge sur tous les tacles portés contre l'Etat de droit depuis 2000. La démocratie sénégalaise est donc la prouesse humaine d'un instant, et non ce que l'on fait tous les instants. Les périodes hors élections sont des intermèdes où tout est permis. La feinte de dernier moment qu'ont servie les présidents Senghor et Diouf, et que servira probablement Wade, ne constitue qu'un anesthésiant qui accroît la naïveté collective sur le mythe de l'exception démocratique du Sénégal en Afrique. En réalité, c'est au moment où ils étaient profondément lassés par le pouvoir (2O ans chacun) que les premier et deuxième présidents ont pensé à signer l'acte de naissance de leur stature démocratique en se disant, peut-être : « Oui, cette fois-ci, ça suffit, j'en ai marre, je m'en vais ! »

A son arrivée, le Président Wade a institutionnalisé le droit de marche comme principe démocratique à valeur constitutionnelle.

La conquête des droits par la marche, c'est idéal et

grandissant. Il n'y a qu'à penser à Gandhi, à Martin Luther King. Mais la marche n'a de sens que dans des sociétés à démocratie fortement sédimentée. Chez ces dernières, elle a une portée dissuasive et préfigure, pour les gouvernants, un avant-goût de ce que pourrait être la dimension quantitative de la colère du peuple s'ils n'arriment pas leurs choix politiques du moment sur les aspirations populaires jusque-là pacifiquement exprimées. Sous cet angle, la marche est une version civilisée des barbarismes et anarchismes qu'occasionnèrent les absolutismes monarchiques durant les siècles derniers (style Louis XIV en France).

Si le Sénégal n'a jamais connu d'absolutisme monarchique, il a toujours été constamment en proie à la patrimonialisation absolue de l'Etat. De Senghor (1960-1980) à Wade (2000) en passant par Diouf (1981-2000), le modèle démocratique sénégalais est resté le même : un refuge peu protecteur. Aucun formalisme par voie de droit n'est à même de permettre une avancée matérielle du projet démocratique d'ensemble. Et pour causes : élections à la transparence douteuse, fragilité de l'architecture constitutionnelle, (in)dépendance de la justice, corruption dans l'administration publique, inégalité des citoyens devant le service public, constante remise en cause des libertés fondamentales etc. Ailleurs, contre ces anomalies des républiques, l'expérience de la douleur sacrificielle a permis de faire bouger les choses. Or, depuis 1960, les Sénégalais n'ont jamais eu vraiment peur, ni souffert par sacrifice patriotique, ni leurs gouvernants n'ont été suffisamment effrayés dans leur pratique du pouvoir. Le mardi 08 avril 2008, un homme s'incruste au sein de l'Assemblée Nationale et déploie à l'intention des députés, en plein examen d'un projet de loi, un sac vide sur lequel était écrit ce message : « le peuple a faim » ! L'acte de ce « révolté » pacifique qui a eu « tort » d'exprimer en solitaire un cri populaire devant les représentants de la nation, marquerait, ailleurs, le point de départ d'un rapport frontal entre Bas Peuple et Haut Peuple. Car ce qui est symbolisé par ce cri écrit, c'est une profonde demande populaire d'une remise à plat d'une vieille politique systémique qui a brillé par l'accentuation de la classification de la société entre Sénégalais *bling bling* et Sénégalais *badolos*.

Si le Sénégal s'extasie d'une exceptionnalité naïve qui a montré ses limites, cela tient au fait que, originellement, l'enfantement de la souveraineté du pays ne s'est pas faite dans la douleur comme dans d'autres anciennes colonies françaises. Le Sénégal indépendant est né de la rhétorique amiable d'une élite politique portée par un homme (Léopold Sédar Senghor) et du consentement juridique d'un autre (le Général Charles De Gaulle). Depuis lors, sur le chemin de sa construction endogène, aucun événement populaire douloureux n'a été posé pour servir de base à la sacralité des principes démocratiques devant présider au destin collectif et de régulateur au comportement des dirigeants et des citoyens. L'absence d'un tel référent historique explique la banalisation des institutions de la république par les uns et la relativisation du civisme par les autres. Il manque ce référent de la douleur comme les Ivoiriens ont le leur aujourd'hui, comme les Sud africains, les Nigérians, les Maliens, les Français, les Américains en ont eu dans leur histoire.

Le binôme déconstruction-reconstruction est un mal nécessaire lorsqu'un peuple sombre dans un parcours « *wiri wiri* » (tourner en rond) qui l'empêche de savoir réinventer son esprit et son destin afin de mieux se propulser dans le temps. Elle est l'occasion expiatoire de souffrir physiquement et durement, mais une seule fois, pour en finir avec toutes ces rampantes petites souffrances morales nées de ces hachures de la société sénégalaise où l'Etat est d'un côté avec ses certitudes, le peuple de l'autre avec ses inquiétudes, la république, nulle part. Ce n'est qu'à l'issue des Etats généraux qui suivent généralement toute expérience de la douleur et du sang que le pays pourrait espérer entrer dans une nouvelle ère où sera posé le choix définitif de l'option démocratique (assise constitutionnelle, institutions stables, neutralité de l'administration publique, séparation effective des pouvoirs etc.) et clarifié, le rapport entre l'Etat et les différentes réalités sociétales (confréries religieuses, chefferies traditionnelles et coutumières, groupements économiques etc.).

Introduction

Au-dessus des hommes s'élève un pouvoir immense et tutélaire, qui se charge seul d'assurer leur jouissance et de veiller sur leur sort. Il est absolu, détaillé, régulier, prévoyant et doux. Il ressemblerait à la puissance paternelle si, comme elle, il avait pour objet de préparer les hommes à l'âge viril : mais il ne cherche, au contraire, qu'à les fixer irrévocablement dans l'enfance ; il aime que les citoyens se réjouissent, pourvu qu'ils ne songent qu'à se réjouir. Il travaille volontiers à leur bonheur ; mais il veut en être l'unique agent et l'unique arbitre. Il pourvoit à leur sécurité, prévoit et assure leurs besoins, facilite leurs plaisirs, conduit leurs principales affaires, dirige leur industrie, règle leurs successions, divise leurs héritages ; que ne peut-il leur ôter entièrement le trouble de penser et la peine de vivre ?
Alexis de Tocqueville[7].

Depuis l'arrivée du président Abdoulaye Wade au pouvoir le 19 mars 2000 grâce à la victoire de l'opposition – la première du genre depuis l'indépendance, le Sénégal se présente aux yeux de la communauté internationale comme un modèle de démocratie en Afrique de l'ouest. Pourtant, dès le premier mandat de Me Wade, jamais le pays n'était aussi divisé tant sur le plan politico-social que dans l'appréciation même qu'ont les citoyens de leur modèle de démocratie.

Si d'aucuns, en l'occurrence les citoyens se réclamant de la mouvance présidentielle, continuent de regarder le pays comme une nation où souffle le vent de la démocratie et de la liberté privée et collective des citoyens et où il n'y a plus de place pour le malheur, d'autres, - et c'est la majorité -, trouvent au contraire que la démocratie

---

[7] *L'espèce d'oppression.* Extrait de : *De la démocratie en Amérique* (publié en 1840).

sénégalaise est en panne. D'autres encore, soutiennent que cette démocratie-là est même sacrifiée et n'honore plus l'image du Sénégal. Ainsi chacun juge. Chacun conçoit le modèle démocratique sénégalais comme il l'entend. Parfois comme ça l'arrange et ce, selon sa sensibilité politique ou ses intérêts personnels. Pourquoi les gens ont-ils donc des divergences de vues sur la politique ? Tout simplement parce que leurs intérêts diffèrent ? Mais nous voulons bien trouver une autre explication ! Pourquoi des personnes honnêtes et désintéressées diffèrent-elles d'opinions sur le concept de société idéale ? Pourquoi n'existe-il pas de consensus parmi les spécialistes de ces questions ? Pourquoi enfin, ces différences ressortent-elles dans la politique de toutes les démocraties modernes ? Au moment où les tenants du pouvoir de l'alternance et leurs souteneurs se félicitent aujourd'hui du niveau démocratique de notre pays, une autre partie et sans doute, la majorité, opposition et société civile comprises, voient pourtant la démocratie sénégalaise comme un cauchemar. Notre contribution va donc consister ici à remettre en question la notion selon laquelle un conflit idéologique est une lutte entre les bonnes et les mauvaises idées pour reprendre Boris Dewiel.[8]

En effet, deux aspects qui sont à notre avis bien différents l'un de l'autre, sont toutefois assez souvent confondus dans l'appréciation de la démocratie : il s'agit notamment de la liberté interne d'une société et de son comportement ou de son influence sur la classe politique. Cette liberté interne de la société permet en effet d'instaurer un réel dialogue républicain permettant d'apprendre beaucoup sur le gouvernement, ses projets, ses

---

[8] In *La démocratie. Histoire des idées*. Les presses de l'université Laval, 2005.

pratiques et du coup, renforce l'efficacité et la puissance de l'Etat.

Il se pose ainsi un problème récurrent en matière de crédibilité démocratique en Afrique car les peuples sont en permanence victimes du comportement théâtral et parfois dictatorial de la classe politique ou de ses dirigeants tout court. La question que nous nous posons ici consiste à savoir dans quelle mesure le pouvoir politique africain construit la démocratie. Peut-on parler réellement de démocratie lorsque le peuple n'a aucun pouvoir de contrôle pour influencer la vie politique ? Or l'une des dimensions fondamentales dont on peut tenir compte lorsqu'il s'agit d'évaluer la crédibilité démocratique d'un système, est incontestablement la puissance dont dispose l'Etat pour museler le peuple et se protéger lui-même de sa curiosité et de son contrôle. Le deuxième aspect consiste encore pour l'Etat à disposer de la puissance d'empêcher la libre expression. Tel est en effet le scénario typique qui se présente aujourd'hui au Sénégal car la situation politique du pays se caractérise quasiment par un enlisement de la pensée unique. Or dans un système démocratique digne de ce nom, il y a une exigence d'intégrer la fonction critique dans la vie publique. En outre, la démocratie suppose l'acceptation de la contradiction au sein du débat, la capacité des uns et des autres, et non seulement des acteurs politiques et des élus mais de tous les citoyens, à supporter des points de vue adverses, la capacité encore dirons-nous, à prendre en compte la critique de l'autre pour modifier son propre point de vue et ce, dans l'intérêt collectif si cela s'avère nécessaire.

Face aux attitudes des uns et des autres, gouvernants comme gouvernés, mais surtout de l'élite politique de manière générale et du pouvoir en l'occurrence, l'objet de cet ouvrage n'est point de faire le procès du pouvoir de Me Abdoulaye Wade et encore moins de procéder au diagnostic de la conscience citoyenne ou du civisme patriotique. Notre ambition consiste ici à réfléchir en effet aux faiblesses de notre système démocratique. Cette ambition est donc double : il s'agit notamment de démontrer les failles ou les carences de notre système démocratique d'une part, puis d'enrichir d'autre part, au travers de cette démonstration, le rôle de l'Etat protecteur et les valeurs que doit incarner la république. La démocratie renvoyant à la possibilité pour chaque citoyen d'assumer ses responsabilités et d'être en mesure de faire des choix éclairés dans l'intérêt de la nation, notre travail consistera, au-delà d'un état des lieux partant d'une analyse de la situation démocratique du Sénégal depuis Senghor jusque dans le contexte actuel, de poser le débat sur la nécessité d'instaurer une démocratie participative pour que les citoyens soient à même de la défendre et de construire concrètement les valeurs de solidarité, de respect et de responsabilité, d'ouverture et ce, quelles que soient leurs divergences idéologiques. Ce qui leur permettrait de consolider ensemble le pacte républicain, véritable ciment d'une société moderne et plurielle.

Il n'est nul doute besoin d'être vraiment un constitutionnaliste ou un juriste pour percevoir le problème que pose la démocratie bananière sénégalaise ainsi que l'absence de contre-pouvoirs à tous les niveaux de l'échelle depuis l'arrivée de Me Wade au pouvoir. Avec l'absence d'une opposition significative à l'Assemblée nationale et la chambre du Sénat à 99% « bleue », on le voit donc, les deux chambres ne sont que des lieux d'enregistrement où l'émancipation des députés et sénateurs est un vain mot ; le seul ordre qui vaille étant de respecter la volonté du chef, bouche cousue. Combien de révocations de députés a-t-on d'ailleurs connues tout simplement parce que les victimes ont le courage de soutenir une position différente de celle du PDS ou de son chef tout simplement ? Même si ces députés sont bien évidemment des militants du PDS mais la chambre parlementaire n'est-elle pas le lieu de représentation du peuple ? Et donc faut-il défendre seulement les intérêts de son parti et non ceux du peuple souverain qui a pourtant élu ces députés ? Qu'on le sache, les intérêts du parti ne sauraient sous aucun prétexte, se confondre à ceux de la république. Mais hélas, ce délitement de la démocratie sénégalaise est aussi l'œuvre de toute la société sénégalaise dans toute sa diversité sociale et dont la majorité souffre de plus en plus de cette pandémie nommée corruption et qui sévit dangereusement dans le paysage politique national. Dans ces conditions, comment peut-il y avoir fructification d'idées dans la vie publique s'il n'y a aucun débat contradictoire, - le président Wade étant l'omnipotent et l'omniscient ? Les mérites de cet homme sont exagérément vantés par son entourage. On a tout entendu : du président le plus diplômé au meilleur président du monde ! Un ministre de la République qui s'exprime à la télévision nationale a le devoir moral de vanter les qualités supérieures de son président-messie sous peine de risquer son poste ! Et pourtant, le président Wade aurait effectivement pu être considéré comme un « sauveur » s'il avait su se débarrasser de son ego pour exploiter avec humilité l'occasion que lui a offerte le peuple sénégalais le soir du 19 mars 2000. Mais il n'a sans doute pas compris que le messianisme est mort. En effet, à son arrivée au pouvoir, considérant que tout ce qui avait été fait depuis 40 ans par le PS relevait de la médiocrité, le président Wade a vite versé dans l'illusionnisme qui consistait à réinventer un autre Sénégal. Il créa le slogan « le Sénégal qui gagne » mais en vérité, il ne se rendait pas compte (sauf si sa stratégie consistait à alimenter son populisme !) d'une évidence : on ne peut pas réinventer un nouveau Sénégal sans la « (re)naissance d'un Sénégalais « nouveau » et qu'en tout état de cause, il importait beaucoup plus de réformer en profondeur l'administration et de procéder à une réorganisation sociale avant de s'attaquer à la machine économique. Le prétendu président « sauveur » aurait justement pu être le « Mandela » du Sénégal s'il avait fait de ses priorités les chantiers ci-dessus énumérés. Il aurait alors montré la voie à ses successeurs qui manieraient avec efficacité cette machine économique. En outre, l'exigence d'un nouveau mode de développement ne relève pas de simples considérations conceptuelles. Le président Wade n'a pas su inventer un nouveau chemin pour trouver la voie de l'émergence tant économique que sociale et pourtant le pays avait de réelles chances. Ce qu'il faut retenir, c'est que l'un des éléments clé du processus de développement consiste à comprendre que – contrairement à la logique toujours dominante aujourd'hui -, la réponse aux besoins sociaux, l'amélioration des conditions de travail et de vie, le développement des services publics efficaces et gérés démocratiquement, la rupture effective avec le productivisme etc., sont les principes fondamentaux pour soutenir l'activité économique, l'emploi et par essence, le développement humain dans sa globalité. L'élite politique sénégalaise comprend sans doute mal encore que l'économique et le social sont étroitement imbriqués et doivent progresser de concert vers le progrès. Cela dit, il va sans dire qu'il faut transformer en profondeur les critères de gestion et de décision aussi bien dans les entreprises publiques qu'aux différents plans micro et macroéconomiques. Ainsi donc, il va de soi que l'urgence consistera dans ce cas, à revisiter les différents indicateurs de performance et à instaurer des règles permettant aux salariés et aux populations d'intervenir vraiment sur les questions qui déterminent leur devenir. Nous insistons sur ce passage car il nous semble évident que l'échec du président Wade vient de là : une absence de démocratie participative. En outre, l'opinion du citoyen ne compte pas chez Wade. Pas même celle des membres du gouvernement. « Clairvoyant » président, il prend la place de tout le monde, gouvernants comme gouvernés, et sait tout ce qui est mieux pour son peuple. Cette empathie politique est une grave bêtise dans la gouvernance tant économique que sociale. C'est là où le président Wade a véritablement trahi la démocratie sénégalaise et raté le train de l'histoire.

En outre, s'il y a eu d'énormes dérapages budgétaires durant l'exercice 2008, entraînant du coup la trésorerie publique dans un gouffre financier sans précédent, comment pouvait-on l'éviter d'autant qu'il n'y a aucune concurrence sur les projets ou lesdits budgets ? Avec les multiples grèves à répétition des syndicats d'enseignants qui continuent de paralyser l'école publique et de sacrifier l'avenir de nos enfants d'autant plus que chacun ne veut rater l'aubaine qu'actionne le chef de l'Etat pour consolider son emprise du pouvoir, comment peut-on alors motiver les fonctionnaires à bien faire leur travail ? Comment impliquer les citoyens dans la vie de la cité si à l'avance leurs idées ne comptent pas ? Voici autant de réflexions que nous souhaitons aborder dans le présent ouvrage pour redonner le souffle à la démocratie sénégalaise aujourd'hui mal en point. Il nous paraît urgent de rétablir cette démocratie en reconstruisant des forces de contre-pouvoir capables de proposer autre chose et de réinventer la machine politique déjà en panne. Et ce pari ne peut être gagné sans la volonté de tous car tout découle de nos propres comportements de tous les jours.

Le présent ouvrage milite donc pour un réexamen de ce que l'on pourrait considérer comme étant les valeurs fondamentales dans la consolidation d'une démocratie. En effet, cette consolidation envisage un ordre politique établi et la démocratie est consolidée dans la mesure où elle est stable ou elle dure. Or pour le cas présent du Sénégal, il n'y a nul doute besoin de prouver que le vent de la démocratie qui a soufflé le 19 mars 2000 s'est vite transformé en cauchemar pour la plupart des citoyens qui se disent déçus par le président Wade et son équipe, trouvant que cette démocratie est trop subjective. Notre ambition est ainsi de retracer les progrès et/ou les reculs du système démocratique sénégalais depuis la survenue de l'alternance en 2000.

Nous essayerons de démontrer que la démocratie sénégalaise souffre de quatre maux: les attitudes de l'élite politique et de la presse face à la démocratie, la distribution de la richesse, l'héritage autoritaire et la place des idéologies dans le paysage politique.

Chapitre I

L'approche du pouvoir en Afrique

Une nation est une âme, un principe spirituel. Deux choses qui, à vrai dire, n'en font qu'une, constituant cette âme, ce principe spirituel. L'une est dans le passé, l'autre dans le présent. L'une est la possession en commun d'un riche legs de souvenirs, l'autre est le consentement actuel, le désir de vivre ensemble, la volonté de continuer à faire valoir l'héritage qu'on a reçu indivis. (…).

E. Renan[9]

Notre ambition n'est pas ici de rentrer dans la conception métaphysique du pouvoir mais plutôt de clarifier notre point de vue sur la manière dont est réellement conçu le pouvoir en Afrique de manière générale ; conception qui fait quasiment de nos Etats-nations des propriétés privées où les dirigeants se permettent tout et n'importe quoi. Or l'omniprésence du pouvoir nous pousse à le voir effectivement comme un attribut propre à toute relation entre sujets. L'on doit en effet admettre que le pouvoir a une manifestation concrète car il se détermine à juste raison par des actes dans la mesure où la réalité ne se fait sentir que dans son exercice.

Notre interrogation dans cette réflexion consiste donc à situer la responsabilité des dirigeants africains (du moins la grande majorité) dans l'exercice du pouvoir. Ce qui nous permettra de définir leurs rapports avec celui-ci. En effet, le pouvoir est quasiment considéré par la majorité des dirigeants africains comme un luxe et non comme une responsabilité nationale. D'ailleurs, l'une des phrases chocs du président Wade lors d'un de ses séjours à Paris

---

[9] *Qu'est ce qu'une nation* ? Op.cit.

illustre parfaitement cette thèse lorsque, s'adressant à ses militants sur les incessantes querelles l'ayant opposé à ses « lieutenants » Idy et Macky, il disait : « *si vous invitez quelqu'un chez vous à partager un repas et qu'au cours de ce repas, l'hôte veut tout manger parce que le plat est succulent, que feriez-vous sinon que de le renvoyer ? Vous avez beau être gentil, vous n'allez quand même pas le laisser tout manger et que vous mouriez de faim !* ». Mais au-delà de ce luxe, se corrobore une autre conception du pouvoir notamment la patrimonialisation doublée d'une personnalisation de l'Etat. Le pouvoir devient ainsi une propriété privée où le chef se croit tout permis sans rendre compte au peuple. La maladie de l'Afrique n'est pas la pauvreté mais la mauvaise santé démocratique. Et c'est là où il y a une nécessité de vraie révolution culturelle qui se trouve être le ciment de tout progrès social comme économique. Certes, on ne peut pas demander à l'Afrique de réaliser en 50 ans ce que l'Europe a fait en 500 ans ! Mais force est de reconnaître que le contexte n'est plus le même car la société moderne bénéficie des avancées technologiques qui n'existaient pas avant.

Le constat va peut-être faire mal mais il faut bien reconnaître que les dirigeants africains ont une conception erronée du pouvoir d'Etat. Voyons le cas de la Libye qui n'a jamais organisé d'élections. Son président autoproclamé guide du peuple libyen, le colonel Kadhafi déclare d'ailleurs sans sourciller que l'Afrique n'a pas besoin de démocratie. Comment aussi comprendre la longévité des présidents africains comme Paul Biya, feu Omar Bongo et tant d'autres? Surtout que ces super-présidents africains se permettent tout et n'importe quoi. Le président camerounais a l'habitude de prendre de longues vacances jusqu'à 5 mois sans même que le peuple ne sache où il se trouve. Le Gabonais feu Omar Bongo lui, peu avant sa mort, avait décidé en mai 2009, de tout abandonner pour faire le deuil de son épouse décédée. Il mit alors en arrêt toute la république en suspendant toutes les activités sans léguer le pouvoir à qui de droit. Même l'agenda de la république fut annulé. On ne parlera jamais assez du cas de Mobutu qui s'est longtemps entêté au pouvoir et qui a fini par laisser le Congo dans la situation de détresse actuelle. En partant de cette approche du pouvoir d'Etat dans la relation entre gouvernés et gouvernants, il ne peut être possible de construire un Etat digne de ce nom, un Etat qui soit perçu par les uns et les autres comme un patrimoine commun. Un dilemme dans le processus de démocratie et de construction même de nos Etats-nation depuis l'aube des indépendances se pose en Afrique et il faut bien que chaque pays se positionne très clairement : se soumettre de toute urgence à l'exigence de rigueur et la démocratie prendra alors son souffle, ou, dans le cas contraire, refuser de regarder la réalité en face et sombrer en conséquence. C'est donc deux poids deux mesures. En réalité, dans cette situation de pouvoirs monarchiques dans la plupart des Etats africains, c'est qu'il y a absence de conception claire de la démocratie. D'un côté, il n'existe pas de projet démocratique digne de ce nom et d'un autre côté, nous avons peu de citoyens (hormis l'élite – et encore que celle-ci ne soit pas corrompue !) conscients de la relation dialectique qui doit exister entre le citoyen et l'Etat car n'étant pas suffisamment au fait des droits qui sont les leurs. *Nos républiques deviennent dès lors des républiques de façade* comme le dit si bien le politologue congolais Modeste Mbonigaba. En effet, dira M Mbonigaba, « *le peuple ne sachant pas qu'il est, en tant que souverain primaire, le seul détenteur du pouvoir d'Etat, il devient du coup, inconsciemment, peuple-monarchiste et perçoit le pouvoir d'Etat comme une chance, une sinécure, voire une bénédiction divine pour celui qui y accède.* » On le voit, même au Sénégal, il est fréquent d'entendre des compatriotes dire en ces termes « *nul ne peut rien contre le président. C'est Dieu qui donne le pouvoir à l'Homme et Il est le seul à pouvoir le reprendre* ». Face à cette démission aussi criante du citoyen lambda, il va sans dire que les gouvernants – même lorsqu'ils seraient arrivés au pouvoir par voie démocratique – s'empresseraient, une fois aux commandes, d'oublier que le pouvoir d'Etat est d'abord et avant tout une lourde charge, un service, un apostolat, bref une énorme responsabilité, pour en faire un formidable instrument de puissance, de domination et d'exploitation visant l'enrichissement personnel. Quand bien même, "*il ne serait pas possible de transformer, par un coup de baguette magique, des monarchistes en républicains, on pourrait néanmoins, par un jeu parfaitement démocratique, réduire « nos » monarchies au seul rôle politique qu'elles sont parfaitement capables de remplir sans trahir pour autant leur citoyenneté. Ce partage des rôles est d'autant plus important que « nos » monarchies s'ignorent et ignorent du même coup le tort que leur comportement cause à la république*", conclut M Mbonigaba. Aujourd'hui, notre inquiétude est celle de voir les Etats africains, plutôt que d'embarquer dans le wagon de la paix et de la démocratie, basculer à nouveau dans le totalitarisme et la barbarie pour sombrer dans des conflits politiques, des règlements de compte et des guerres civiles avec les cortèges d'horreurs. Rien que ces dernières années, plusieurs exemples peuvent justifier cette inquiétude avec les nombreux coups d'Etat perpétués ici et là en Mauritanie, Guinée-Bissau, Guinée Conakry, Côte-D'ivoire, etc., des barbaries provoquant des milliers de morts pour des questions de conflits électoraux (Kenya), des rébellions contre le pouvoir (Tchad, Soudan, RDC), permanente instabilité politique et guerre civile (RDC), absence de dialogue pouvoir/opposition (Sénégal), confiscation du pouvoir (Cameroun, Gabon, Zimbabwe), monarchie (Maghreb), désordre politique (Madagascar), bref autant de maux qui paralysent le continent dans la marche vers le développement économique et social. Le despotisme (re)guette le continent et il est urgent de tirer la sonnette d'alarme pour empêcher ce recul démocratique qui plonge l'Afrique dans le gouffre de l'horreur absolutiste.

En outre, les prétendus hommes forts du continent noir qui ont marqué l'histoire politique de l'Afrique tout comme ceux qui sont encore au pouvoir, utilisent quasiment tous, dans la grande majorité, la méthode du plus fort pour consacrer leur autorité. Ils arrachent le pouvoir au peuple par les moyens de contrainte tout en se livrant en même temps à l'achat des consciences. Le patron socialiste sénégalais Ousmane Tanor Dieng a bien cerné le problème lorsqu'il déclare « *il ne faut pas se méprendre sur les véritables causes de la régression démocratique sur le continent. Elle est plus le résultat d'une tentation despotique que d'un essoufflement du projet démocratique en soi* ». Selon lui, « *c'est que partout où cela a été relevé, ce sont les régimes en place qui tentent de faire le deuil de la démocratie dans le but de rester indéfiniment au pouvoir.* Bien souvent, poursuit-il, « *pour ne pas dire dans tous les cas, les atteintes aux normes démocratiques couvrent une stratégie de perpétuation des régimes en place inspirée par leur goût immodéré pour le pouvoir ou par la crainte de devoir, une fois dépourvus de l'immunité que leur confère leur mandat, répondre de leurs actes devant la juridiction* »[10]. On le voit donc, la responsabilité des dirigeants africains (hormis quelques exemples)[11] est

---

[10] Lire Ousmane Tanor Dieng, *L'Etat de la démocratie en Afrique : de la nécessité de conjurer la tentation totalitaire*, mai 2008

[11] Quelques pays à l'image du Mali peuvent être cités en exemple comme modèle démocratique dont peuvent pourtant s'inspirer beaucoup de pays africains pour renouer avec un réel projet seul à même d'assurer la stabilité politique et la cohésion nationale nécessaires à la mise en œuvre de politiques de développement cohérentes du continent.

de tout premier ordre en ce qu'ils consacrent et mobilisent la totalité de leur énergie, des ressources publiques et des forces de l'ordre instrumentalisées dans une répression aussi aveugle que gratuite aux seules fins de conservation du pouvoir.

Vers un affaiblissement du cadre national

Un peuple se place hors ligne par sa population, sa force, ses lumières, sa gloire. La grandeur de l'Etat remplit alors l'imagination de ceux qui l'habitent ; ils sont fiers de vivre sous ses lois et prêts à faire d'immenses sacrifices pour s'y maintenir. Tout ce qui tend à augmenter la force et l'apparence de l'ensemble augmente ce patrimoine. Mais étant fondé sur l'imagination, il est sujet, comme elle, à de grandes alternatives de force et de faiblesse.
Alexis de Tocqueville[12].

Aussi loin que l'on remonte dans l'histoire des sociétés humaines, l'apparition de l'Etat demeure une énigme. Si l'on admet généralement qu'elle accompagne la conceptualisation progressive du pouvoir, les tentatives d'explication de cette naissance donnent lieu à des théories qui demeurent des hypothèses. Au nombre de celles-ci figurent principalement trois courants de pensée. Le premier voit dans l'Etat, perçu comme l'aboutissement harmonieux de l'évolution sociale, l'accomplissement de la volonté divine. Relevant de l'acte de foi, une telle interprétation se libère de tout raisonnement scientifique et se révèle, par nature, indémontrable. Les deux autres conceptions semblent apparemment inconciliables. L'une découvre l'Etat dans l'évolution des sociétés, selon un processus sans doute complexe mais dominé par des

---

[12] *De la démocratique en Amérique*, op.cit.

évènements insusceptibles de qualification juridique : la naissance de l'Etat résulterait d'un état de fait. A cette thèse évolutionniste, s'oppose la troisième conception qui perçoit la naissance de l'Etat comme le fruit de la volonté humaine, formalisé par la conclusion d'un contrat[13].

Par ailleurs, si la nation peut être définie comme étant un groupe humain constituant une communauté politique, établie sur un territoire défini ou un ensemble de territoires définis, et personnifiée par une autorité souveraine, nous devons donc retenir deux acceptions significativement symboliques : l'une présentée comme objective, voit en elle une « communauté historique qu'aucun projet individuel ou collectif n'a eu le pouvoir d'engendrer[14] mais dont l'existence s'impose à ceux qui partagent les caractéristiques. L'autre, et c'est sans doute l'exemple du Sénégal, qualifiée de subjective, l'identifie à une « communauté humaine délimitée en fonction de critères variables, artificiels ou naturels, inspirant à ceux qui en font partie, un sentiment de commune appartenance ». Toutefois, dans les deux approches sur la nation, il ressort bien évidemment l'existence d'une matrice sémantique commune entre les mots « peuple », « nation », « Etat », « pays », et « patrie », unis par l'identification d'un trait humain – groupe d'individus -, d'un trait géographique – territoire déterminé – et d'un trait structurel – autorité commune. Ces trois éléments trouvent leur épanouissement dans l' « Etat-nation » qui représente le trait d'union symbolisant l'indestructible osmose historique qui unit l'un à l'autre[15].

---

[13] Lire Jacques Baguenard qui s'est beaucoup intéressé à la question de l'Etat et dont un des ouvrages s'intitulait « *L'Etat, une aventure incertaine* », éditions Ellipses Marketing, 1998.
[14] Pierre Fougeyrolles, La nation, Fayard, 1987.
[15] Sylviane Rémi-Giraud et Pierre Retat, *Le micro-champ lexical français : peuple, nation, Etat, pays, patrie, les mots de la nation*, Presses universitaires de Lyon, 1996, 324 pages.

En outre, dans la conception métaphysique ou philosophique de la nation, les débats ont toujours été fructueux et diversifiés et la problématique essentielle consiste de savoir si la nation est culturelle et historique ou si elle est politique et construite. Dans le cas du Sénégal, elle s'inscrit plutôt dans la seconde hypothèse c'est-à-dire politique et construite. L'obsession (politique) du premier président du Sénégal Léopold Sédar Senghor était de créer une nation sénégalaise formée de citoyens unis comme un seul homme ayant comme but le développement du Sénégal. Il s'est voulu Père de la nation sénégalaise, celui qui a acquis l'indépendance de son pays et fondé la nation comme communauté politique de personnes libres et égales en droit. Son travail de construction d'un imaginaire national a contribué à épargner au Sénégal des guerres à caractère ethnique.

Mais aujourd'hui, cette nation a moins bonne presse dans la conscience des Sénégalais. En outre, si l'exaltation de la nation est de nos jours moins enthousiaste, l'attachement des citoyens à leur patrie se doit pourtant de demeurer une exigence, nous dirons, civique. Mais force est de reconnaître que la fragilisation des acquis sociaux prend de plus en plus le dessus sur le civisme patriotique, vecteur d'un attachement réel au bien-être collectif. Si nous parlons en effet de cette fragilisation du sentiment national, ce n'est pas forcément en lien étroit avec le sentiment de fierté d'être ou de ne pas être Sénégalais. La question est plus complexe que ça car, inconsciemment, la course au matérialisme individuel imbue de certains comportements de la société conduit inévitablement la nation à une certaine perte de sens. Il y a en effet une relative harmonie ethnique, fruit d'un grand effort d'intégration nationale, d'identification nationale qui, de nos jours, se craquelle de plus en plus à cause, comme nous l'avons évoqué, des comportements de la société et de la classe politique au premier rang. Comme les autres pays africains, le Sénégal fait face à des divisions internes que l'histoire ne faisait que retarder. Certains hommes politiques n'hésitent plus à recourir au communautarisme religieux et/ou ethnique dans le paysage politique. La cohésion nationale qui semble être la particularité du Sénégal, vecteur de sa stabilité sociale n'est que l'arbre qui cache la forêt car en réalité, la discrimination et le mépris entre les différentes communautés ethnolinguistiques et même religieuses qui composent la nation sénégalaise, sont en train de prendre le dessus sur les valeurs morales et républicaines. Le dénoncer, ce n'est pas provoquer de la polémique mais l'intérêt est plutôt d'alerter le peuple devant ce danger qui guette la nation. Sinon, ce qui risquera de se passer, c'est que nous finirons par être les derniers de l'Afrique. Car au moment où les autres pays auront trouvé des solutions à leurs conflits, ce sera le tour du Sénégal de verser dans la « primitivité ». Malheureusement, l'Etat ferme les yeux sur de telles dérives qui constituent à juste titre une bombe à retardement. Les confidences d'un citoyen français à la veille des élections locales du 22 mars 2009 étaient ahurissantes et constituent la preuve de cet affaissement du cadre national : ce dernier qui séjournait à Ziguinchor, reçut un coup de fil au milieu de la nuit, d'un haut responsable du pouvoir qui lui demandait de quitter en urgence la ville et de rejoindre Dakar car de toute évidence, le lendemain des élections, il y aura une guerre, car, conclut le malveillant interlocuteur, les Casamançais sont des « barbares ». Comment de tels propos stupides, insensés et à la limite antirépublicains peuvent-ils être tenus par un haut responsable de l'Etat qui n'a d'autre motivation que de la manipulation politique consistant à nuire à l'image d'un candidat libéral, son frère de parti, à la mairie de Ziguinchor ? Mais il faut avouer, de tels agissements sont fréquents dans les rapports entre nordistes et sudistes. Un jour de février 2009, lors d'un débat dans un restaurant sénégalais à Paris, au cours de nos échanges, nous déplorions l'état du système scolaire au Sénégal et en Casamance de manière particulière où dans beaucoup d'écoles publiques, il n'y a même pas un seul ouvrage scolaire, ne serait-ce qu'un livre de lecture. Un compatriote, ancien fonctionnaire de l'Etat apportera une justification cinglante à nos propos en disant très sèchement que c'est parce que c'est la Casamance. Une réponse, hélas, frustrante qui en dit long sur le mépris de beaucoup de citoyens sénégalais à l'égard de la Casamance. On le sait, beaucoup de projets de développement initialement prévus pour certaines régions sont souvent détournés au profit de certains horizons du pays ou voire même annulés ou suspendus parce que certains responsables (du pouvoir surtout !) profitant de leur influence, font croire aux investisseurs étrangers qu'il ne sert à rien d'investir en Casamance car il y a la guerre et qu'en plus, les gens sont barbares. Quel mépris ! Et même certains fils casamançais ont dû rencontrer beaucoup de difficultés pour investir chez eux parce qu'ils butent toujours sur ces obstacles qui viennent du haut niveau de l'Etat. Et alors, la nation sénégalaise n'est-elle pas en perte de sens ? Comme le soulignait Muriel Devel[16], *« le contraste est si grand que quand on évoque le Sénégal d'aujourd'hui, on est frappé par les paradoxes qui traversent la société. Mouridisme et tradition, avant-gardisme et archaïsme, ouverture et fermeture, etc. se côtoient. Loin de se rencontrer et de se féconder, ils se neutralisent. Cette société apparaît du coup bloquée et divisée à plusieurs courants »*. Hormis le communautarisme, un sentiment de mépris a toujours existé entre citadins et ruraux. Se considérant être les hommes les plus civilisés, les citadins appellent les ruraux *« Kaw-kaw »*, une expression à la limite péjorative,

---

[16] Le Sénégal, Karthala, 2000.

considérant ces derniers comme des sauvages ou des hommes moins civilisés.

Ce qui fait la complexité de la nation sénégalaise, c'est que celle-ci s'est plutôt construite autour d'une classe dominante composée d'intellectuels, de chefs religieux et coutumiers dont la plupart bénéficient de privilèges pour contrôler l'appareil d'Etat et donnent des ordres aux « subordonnés » pour garantir la vie en communauté. Ces chefs religieux ont quasiment plus de pouvoir que l'Etat lui-même sur une catégorie de citoyens, notamment les « talibés » ou disciples. Il suffit d'un petit mot d'ordre de la part d'un chef religieux à l'endroit de ses disciples pour faire basculer la sécurité publique d'une situation à l'autre. On a vu ce qui s'était exactement passé en 1994 avec le mouvement des *Moustarchidines* dirigé à l'époque par un jeune marabout qui, au cours d'un meeting non autorisé à la place de l'obélisque, avait fini par dégénérer et causer la mort d'une dizaine de fonctionnaires de la police. La posture de faiblesse de l'appareil d'Etat devant ces groupes religieux ne présage pas d'un lendemain meilleur pour la sécurité publique si chacun des citoyens ne fait pas preuve de discernement et de dépassement dans ce scénario qui pourrait facilement faire basculer le pays vers une situation de chaos. Aujourd'hui au Sénégal, presque tous les conflits politiques et toutes les grandes décisions de l'Etat se règlent et se prennent au niveau des fiefs maraboutiques. A Touba surtout ! On a vu la tournée-marathon du Premier ministre Souleymane N. Ndiaye qui, après avoir été porté à la tête du gouvernement, avait eu comme première mission, de rendre visite aux différents chefs religieux pour demander leurs avis et conseils sur la situation du pays. Il avouait d'ailleurs à tort, à la télévision nationale, que ces chefs religieux sont les porte-voix du peuple. Mais dans ce scénario, la conséquence est que la nation ne semble plus être le résultat de la volonté du peuple « façonné » par le temps et animé par sa foi d'un commun vouloir de vie commune. Ce sentiment d'unité nationale se retrouve donc fragilisé car, au-delà même du simple fait que cette nation avait d'ailleurs été construite sur la base d'un simple projet politique et donc pas sur une base solide, mais aussi et surtout, l'avenir de cette nation ne tient que sur le « *ndigë*l » (ordre) des marabouts.

L'autre cause du déclin de l'Etat-nation en Afrique s'explique aussi, au-delà de celles évoquées plus haut, par l'absence de projet national ou d'idéologie tout simplement. L'Afrique manque aujourd'hui de dirigeants qui portent véritablement des valeurs incarnant de réelles ambitions à la fois nationales et supranationales. Certes, l'on peut encore compter quelques dirigeants ou leaders politiques animés de convictions panafricanistes mais en théorie, leurs idées ne réussissent pas à contrebalancer le poids de ces faucons du continent qui s'accrochent au pouvoir et que rien ne peut les dissuader de le quitter, quitte à mourir. En réalité, les grands panafricanistes à l'image de Kwame Nkrumah[17], Lumumba, Sankara entre autres, sont morts et enterrés avec leurs idéologies. Il ne reste que les cercueils sur lesquels se penchent certains prétendus dirigeants panafricanistes pour qui le

---

[17] Déjà en 1958 soit un an après l'indépendance de son pays, le Ghana, il promeut l'union de son pays avec la Guinée et la déclare ouverte à tous les pays africains qui accèdent à l'indépendance. Il accueille la même année à Accra, la première conférence des Etats africains. Nkrumah concevait le panafricanisme comme une double force de libération et d'intégration du continent africain. (Lire Jacques Ténier, *Essai sur le rapprochement des peuples*, L'Harmattan, 2009).

Son homologue Léopold Sédar Senghor du Sénégal sera aussi animé des mêmes convictions. En 1958 également, il suscita la création de la Fédération du Mali qui regroupait le Sénégal, le Soudan (actuel Mali), le Niger et la Haute-Volta (actuel Burkina Faso). Celle-ci ne fera malheureusement pas long feu à cause du désintérêt de la puissance coloniale, la France et surtout aussi à cause de la position du président ivoirien Houphouët Boigny dont le souhait était d'ériger son pays en première puissance économique régionale de l'Ouest africain.

panafricanisme n'est qu'un slogan pour nourrir l'illusion d'une Afrique unie et prospère, gage d'une promotion de leur carrière politique sur le continent. L'Union africaine ne porte pas encore l'ambition de vrais échanges régionaux ni celle d'une parole commune sur la scène mondiale. Nous avons toujours vu les Africains se diviser au moment où il ne fallait surtout pas, sur les grandes questions concernant le continent tant dans le cadre des rapports Nord-Sud que Sud-Sud. Les dirigeants africains n'ont pas encore le désir de bâtir ensemble un avenir commun qui déplacerait les équilibres nationaux fragiles pour la simple et bonne raison que chacun s'accroche à son « *egonationalisme* », or seules les réalisations pratiques peuvent donner du crédit aux ambitions d'organisation du continent[18]. Mais quoi que l'on dise, la problématique de la notion de nation même est très complexe en Afrique. Il faut en outre remonter à l'époque coloniale pour sans doute pouvoir expliquer les faits. Cette époque a été en effet caractérisée par des mouvements migratoires intenses provoqués par le troc, le commerce, le nomadisme pastoral, la pêche, la chasse, la culture itinérante, etc. la recherche de l'ivoire, de l'or et de la cola dans les Etats situés sur le Golf de Guinée et la découverte du sel au Sahel ont donné lieu à des courants migratoires allant dans tous les sens dans la sous-région. Ces fréquents déplacements des populations ont suscité la création de royaumes et empires partout sur le continent noir (Alpha : 1967). Malheureusement, le partage de l'Afrique pendant la période coloniale s'est fait sans prise en compte des entités géographiques, culturelles et ethnolinguistiques. Du coup, au sortir de la colonisation, des groupes identiques sur le plan culturel, ethnique et racial se sont retrouvés fractionnés en plusieurs parties entre divers pays (l'exemple du Sénégal et de la Gambie en est une parfaite

---

[18] Jacques Ténier, op.cit.

illustration). De même, des peuples de composition hétérogène du point de vue culturel, ethnique et racial se sont vu réunis dans un même Etat, sous un même régime politique et sous une même bannière (CODESRIA : 25). Confrontés à ces difficultés après l'accession de nos Etats à l'indépendance, nos premiers dirigeants, héritant de cette situation de pays à plusieurs aires culturelles, ethniques et même raciales et avec des frontières artificielles, n'avaient d'autres choix que de s'adapter tant bien que mal à la gestion de ces espaces imposés par le tracé colonial. De plus, par souci de stabilité sociale, ils étaient dans l'obligation de transformer ces Etats en Nations comme nous l'évoquions plus haut. Ce chantier mené par Senghor et les dirigeants de sa génération ne fut pas une simple tâche du fait de la diversité ethnolinguistique et culturelle que la langue du colon n'a pu unifier puisque ne servant qu'une petite partie de ces populations. En conséquence, ces peuples composites, arbitrairement rassemblés ont difficilement un élément unificateur pour servir de base à la formation d'une nation. Et c'est donc cette absence de cohésion de la société – fondement de toute nation – qui expliquerait la crise de la nation en Afrique noire de manière générale[19]. Nous refusons toutefois de tomber dans la fatalité pour justifier la crise de la nation en Afrique par la seule question de la disparité ethnolinguistique et culturelle de nos Etats. S'il faut se tenir à la seule dimension, alors certains Etats occidentaux et de l'Amérique du nord n'auraient jamais réussi à créer des nations fortes comme les USA, le Canada par exemple où le brassage racial est l'un des plus importants au monde. Bien au contraire, nous pensons que cette diversité a permis à ces Etats de consolider leurs forces. Et comme le soutient Isambert (1968), « *c'est parce que ces pays ont*

---

[19] Lire « *Démocratie et développement en Afrique de l'ouest* ». Ouvrage du CODESRIA, 2005.

pu acquérir un but commun d'activités qui permet de parler du principe de l'unité nationale se manifestant, dans une société donnée, par l'unité d'intention nécessaire à la consistance du corps social et se caractérisant également par la vocation nationale et l'association nationale d'idées ».

Nous avons souligné le manque de projet idéologique de nos dirigeants actuels car si nous prenons l'exemple précis du Sénégal, on voit nettement que le premier président Léopold Sédar Senghor se distingue de ses successeurs et surtout du président Wade, grâce à son projet de construction de l'Etat-nation sénégalais un et indivisible, un Etat qu'il aimait qualifier de nation sans couture. De religion catholique très minoritaire et issu de surcroît d'une ethnie pas majoritaire également, Senghor a pourtant su fédérer toutes les confréries musulmanes, cultiver l'esprit de tolérance entre Musulmans, Chrétiens et adeptes des religions traditionnelles. Ce qui a fait du Sénégal une exception en Afrique et même dans le monde où Chrétiens et Musulmans célèbrent toujours les fêtes religieuses ensemble. Il est difficile en effet de distinguer un Musulman du Catholique lors des différentes fêtes religieuses car tous communient ensemble. L'autre exemple encore plus illustrateur est l'existence d'un cimetière mixte à Ziguinchor où Musulmans et Chrétiens sont enterrés les uns à côté des autres. Le président Abdou Diouf avait suivi le chemin de son prédécesseur Senghor même si les difficultés économiques affaiblissaient davantage son aura sur le plan national. Les premiers hommes politiques du Sénégal ont beaucoup œuvré pour la cohésion nationale du pays. Au-delà de leurs divergences idéologiques, ils ont toujours su mettre l'intérêt national au-dessus de leurs ambitions personnelles. S'il y a une convergence d'approche sur la conception de la nation entre Dia et Senghor, des divergences existent toutefois entre les deux hommes surtout en ce qui concerne l'idéologie managériale de l'Etat. En effet, quand Senghor pensait que la gauche devait incarner un socialisme qu'il disait « conséquent », l'urgence n'étant pas de vilipender l'impérialisme, le colonialisme et le néocolonialisme mais plutôt de s'attaquer au véritable néocolonialisme qui se trouvait être la détérioration des termes de l'échange, Mamadou Dia, lui, pensait au contraire que la construction d'une économie doit se fonder sur le patrimoine national, en l'occurrence sur l'effort des Sénégalais et donc sur une économie qui s'éloignerait du capitalisme.

En effet, Mamadou Dia était l'un des plus grands idéologues de son temps au Sénégal. Spécialiste des questions économiques, il fut le premier à réfléchir sur l'économie politique du pays et à proposer le premier plan de développement du Sénégal. Dès l'indépendance du pays, Mamadou Dia parlait déjà de l'économie mondiale. Son analyse de l'économie et de l'éthique politique est l'un des points essentiels des débats actuels sur la scène nationale et internationale. Le doyen Cheikh Hamidou Kane dira d'ailleurs de lui qu'il est un éminent visionnaire formaté au monde des réalités socioéconomiques africaines. Au-delà de ses convictions pour une administration laïque et moderne, Mamadou Dia prônait une ruralisation de l'école primaire pour permettre l'égalité des chances entre les enfants de la république ainsi que l'africanisation de l'enseignement secondaire et universitaire pour l'adapter aux réalités socioéconomiques du continent. Ses convictions politiques reposaient sur deux principes : un militantisme à l'égard du peuple et un dévouement à l'égard des besoins de ce même peuple. Mamadou Dia était donc très préoccupé par les questions humaines et économiques qui, selon lui, doivent être traitées au sein de sous-ensembles régionaux. Très tôt, il a donc compris que l'avenir de l'Afrique dépendra de l'interdépendance des peuples et des pays qui la composent. Mais ce personnage emblématique profondément panafricaniste n'aura pas eu le temps de concrétiser son idéologie à cause de sa position tranchée sur le système politique bicéphale ainsi que la rupture qu'il incarnait avec la France. Ses relations s'envenimèrent alors avec le président Senghor qui l'envoya en prison dès décembre 1962. En outre, ce qui opposait Senghor à Dia, selon l'historien Sémou Pathé Guèye, était, au-delà de la question politique, une question profondément géopolitique. Mais qu'on le dise, la chute brutale de l' « humaniste-marxiste » sénégalais illustrait très clairement le chemin cahoteux de la démocratie et de l'économie des colonies à l'aube des indépendances. L'Afrique était donc mal partie. Ou alors, elle était simplement prise en otage par les puissances coloniales occidentales et en l'occurrence la France qui entendait maintenir son emprise sur ses colonies. Le choix de Mamadou Dia de résister donc à la puissance coloniale française n'était pas en réalité une mince affaire dans ce contexte politique et géopolitique qui n'autorisait pas toutes les initiatives. L'ancien Président du conseil, Mamadou Dia, avait aussi réfléchi sur la nation sénégalaise. Dès 1963, il publia *Nations africaines et solidarités mondiales,* PUF, Paris, 1963, où il tente de donner une nouvelle définition de la nation. Se voulant le disciple de Renan, Mamadou Dia pense que la *« nation au lieu d'être un état statistique, définitif, est plutôt une "affirmation", un mouvement perpétuel, une construction inachevée »*. Se plaçant dans la progression de la pensée de Renan, l'ancien président du Conseil du Sénégal définit la nation comme *« une vocation collective, qui s'appuie sur une table de valeurs communes, un ordre institutionnel et enfin des buts communs»*[20] ; ce qui rejoint un tant soit peu la conception de Senghor selon laquelle : *"La Nation, si*

---

[20] P.5, Mamadou Dia, *Nations africaines et solidarités mondiales*, PUF, Paris 1963.

elle rassemble les patries, c'est pour les transcender. Elle n'est pas comme la patrie, détermination naturelle, donc expression du milieu, mais volonté de construction, mieux de reconstruction. Elle est objectivement restructuration à l'image d'un modèle exemplaire, d'un archétype. Mais pour qu'elle atteigne son objet, la Nation doit animer de sa foi, par-delà les patries, tous ses membres, tous les individus. Des individus, elle doit faire des personnes, c'est-à-dire des volontés conscientes des âmes"[21]. Comme Senghor donc, la vision de Mamadou Dia de la nation, est une nette remise en cause des théories racistes qui fondent la nation sur une base ethnique ou religieuse. Cette thèse que soutenait Cheikh Anta Diop dont la conviction reposait sur le fait que la construction de l'Etat-nation devait s'appuyer sur la bourgeoisie, s'éloigne donc de la position de Senghor et Dia qui pensent que *"l'homo senegalensis"* est appelé à dépasser les contingences ethniques, religieuses, linguistiques et les micro-espaces pour adhérer à un universel sénégalais transcendantal qui a pour nom la *"communauté de destin"*.

Certains penseurs politiques sénégalais reprochaient à cet effet à Cheikh Anta Diop de *"racialiser"* la question nationale en se focalisant sur la domination coloniale et en négligeant d'intégrer les facteurs comme la communauté de langue, de territoire et de vie économique ». Aussi, à la différence de Senghor qui pensait le Sénégal avant l'Afrique, Cheick Anta Diop était convaincu que le destin du Sénégal est intimement lié à celui de l'Afrique. Sa conception du nationalisme est une ouverture à l'idéal panafricain dont la mise en œuvre passe par la construction

---

[21]Cité dans, « Léopold Sédar Senghor et Cheikh Anta Diop face au panafricanisme. Deux intellectuels, même combat mais conflit des idéologies » ? Article présenté par Antoine Tine lors du colloque *30ème anniversaire du CODESRIA (1973-2003)* à Dakar : 10-12 décembre 2003.

d'un Etat fédéral d'Afrique noire[22], censé être porté par une Afrique réconciliée avec elle-même, appelée à renouer avec son *"unité culturelle"*[23], un Etat qui a dépassé ses querelles territoriales, coloniales et tribales.

Voici donc en quelques mots des exemples d'hommes politiques qui, à travers ce triangle idéologique que nous venons de tracer de par leurs convictions, ont permis au Sénégal de marquer un pas vers la civilisation politico-démocratique qui fait de ce pays, au-delà de certaines controverses qui puissent y avoir, un Etat cité en exemple sur le plan politique en Afrique jusqu'ici. Mais aujourd'hui, force est de regretter que cette richesse sociale du pays s'effrite de plus en plus à cause du changement total de la donne depuis l'arrivée de Me Wade au pouvoir. Au lieu de rassembler, le président Wade a plutôt opté pour la formule du « diviser pour mieux régner ». Dès son arrivée au pouvoir, la première gaffe qu'il a commise et qui serait beaucoup trop préjudiciable à la stabilité du pays, fut de vouloir faire du Sénégal une république islamique. Ses motivations sont simples : ce n'est pas le projet national qui l'intéressait mais il voulait surtout lier une bonne amitié avec les Etats arabes sur qui il pouvait compter pour avoir de l'aide financière afin de réaliser ses ambitions. L'autre seconde gaffe fut purement politique. Conscient de la puissance économique de la confrérie mouride, il s'est tout de suite affiché dans cette confrérie dont il se réclame « talibé » : attitude irresponsable pour un président qui, dans son devoir de protecteur des valeurs de la république, doit savoir garder sa neutralité comme l'avait si bien réussi son prédécesseur Diouf. Ainsi donc, contrairement aux acteurs politiques actuels lourdement

---

[16]Cheickh Anta Diop, *Les fondements économiques et culturels d'un Etat fédéral d'Afrique Noire*, Paris, Présence Africaine, (1960), 1974.
[23]Cheick Anta Diop, *L'Unité culturelle de l'Afrique Noire. Domaines du patriarcat et du matriarcat dans l'Antiquité classique,* Paris, Présence Africaine, (1959), 1982.

frappés par la pauvreté idéologique qui n'alimente plus en idées le paysage politique, ces précurseurs de la civilisation politique sénégalaise ont été, par-delà, de véritables architectes de la construction nationale car ils ont su être de grands pédagogues pour enseigner au peuple sénégalais des valeurs d'unité, de travail, de paix et d'harmonie. A notre avis, voilà justement ce qui manque à l'élite politique sénégalaise actuelle en carence d'idéalisme tant sur le plan de la politique sociale que de la vision économique. Hélas, à la différence des grands théoriciens de la première élite politique sénégalaise dont nous avons cité quelques exemples, les politiques d'aujourd'hui se distinguent encore beaucoup plus par leurs maladies narcissiques dont les rejaillissements sont parfois pathétiques à cause de leurs ambitions personnelles démesurées. Le penseur politique français Jacques Baguenard[24] explique d'ailleurs que *« le monde politique (où les pires ennemis de chacun se trouvent dans le marigot amical) est peuplé d'étranges shaddoks, qui pompent et (re)pompent en profondeur la moelle démocratique, pour assouvir leur addiction au pouvoir, au risque de pomper les citoyens par une succession de feuilletons et de chroniques lamentables qui finissent par déclencher leur désintérêt funeste et irrévocable pour la chose publique »*. Et l'auteur de s'interroger sur autant de questions notamment : *pourquoi cette quête maladive et violente du pouvoir abîme-t-elle ces gens-là, obsédés à l'extrême, jusqu'à ce qu'ils se barbarisent et deviennent les propres victimes de leur boulimie ? Pourquoi cette aventure macrophage et individualiste se dénue-t-elle d'enjeux collectifs et de projets sérieux ? Pourquoi ces épopées sont-elles amputées de sens et valorisent-elles la lutte pour la lutte et la victoire électorale comme*

---

[24] Lire Jacques Baguenard, *Les drogués du pouvoir*, Editions Economica, 2006.

ultimatum ? Le pouvoir certes, mais le pouvoir pour quoi faire ? Voici quelques-unes des questions qui devraient intéresser aujourd'hui nos hommes politiques qui semblent faire preuve d'incapacité à assurer l'avènement d'une société meilleure.

Mais enfin, si d'aucuns considèrent que le désordre politique constaté au sein de nos Etats aujourd'hui est lié à un manque d'idéologie comme nous l'évoquions plus haut, d'autres par contre, même s'ils ne soutiennent pas la thèse contraire, considèrent par contre qu'il s'agit en réalité d'un désordre idéologique (et non une absence d'idéologie !) qui soit à l'origine de ce désordre politique. C'est donc le sens inverse en un mot. Mais la nuance entre les deux thèses est que, pour la seconde, rien n'est clair dans la tête des politiques en termes de pensée politique et d'offres programmatiques et cela se voit aisément à travers certains signes de confusion dans les déclarations politiques : des idées floues, des références idéologiques fausses ou très pauvres, un langage désordonné où on parle à tort et à travers de progrès, de démocratie, de fracture sociale sans justement maîtriser les concepts. Et d'ailleurs, selon Pierre Lenain[25], cette confusion est due pour une part à l'insuffisante formation philosophique des décideurs politiques souvent peu habitués à réfléchir par eux-mêmes. Cette confusion s'explique également selon l'auteur, par l'ignorance générale des règles d'ordre, de stabilité, nécessaires au corps social et à la survie de la nation, aux goûts des manipulations de l'opinion.

---

[25] In *Le désordre politique*, Economica, 1992. Professeur de Science politique, Pierre Lenain est auteur de plusieurs ouvrages dont entre autres, *La manipulation politique* ; *Le mensonge politique* ; etc.

Chapitre II

Itinéraire de la victoire démocratique du 19 mars 2000

Pour comprendre l'état d'esprit du peuple sénégalais le 19 mars 2000 et le déclic qui a conduit à la réalisation de la première alternance politique du pays qui a été surtout vécue comme une grande victoire démocratique, il faut remonter assez loin dans ce long processus. Mais nous allons nous limiter ici à quelques évolutions politico-institutionnelles et sociales ayant marqué la dernière décennie du règne socialiste sous Abdou Diouf. En effet, si le gouvernement socialiste sous Abdou Diouf a souffert de la crise économique qui s'accentuait dans le pays et discréditait davantage le pouvoir auprès des Sénégalais « d'en bas » qui constituent pratiquement les trois quarts de la population, force est de constater que l'une des dernières réformes institutionnelles appliquées par le gouvernement socialiste a tourné en sa défaveur. En se souciant bien sûr du projet démocratique de son pays, Abdou Diouf n'a finalement fait que scier la branche sur laquelle il était assis.

Tout est véritablement parti des réformes institutionnelles de septembre 1991 où l'Assemblée nationale, dans la politique de main tendue du président Diouf à l'opposition en vue de former un gouvernement d'union nationale pour apaiser le climat politique et social, adopta plusieurs amendements dont certains ont été essentiels à la réalisation de l'alternance en 2000. Il s'agissait notamment :

- de la révision du système électoral ramené à deux tours avec le vainqueur qui serait désigné à la majorité absolue ;
- de la limitation du mandat présidentiel à deux exercices d'une durée de 7 ans chacun (même si la Constitution fut à nouveau « torpillée » en 1998 pour permettre à Abdou Diouf de se représenter en 2000) ;
- du découplage des élections législatives et présidentielles et dont le mandat est ramené à 5 ans pour les législatives ;
- de la révision de l'âge de la majorité en droit de voter ramené de 21 à 18 ans.

Certes, en dépit de ces réformes, le parti socialiste a pu gagner les élections présidentielles de février 1993 et les législatives de mai de la même année mais force est de remarquer déjà qu'avec la forte mobilisation des jeunes, le malaise politique s'installait peu à peu dans le camp socialiste qui ne sous-estimait plus le poids de la menace de l'électorat jeune.

Cette jeunesse a été finalement déterminante dans la réalisation de l'alternance du 19 mars 2000. Elle a été en amont et en aval impliquée dans la marche victorieuse de ce que l'on pourrait appeler l'alternance démocratique. Il faut par ailleurs comprendre que ces jeunes qui sont pour la plupart, de la génération de la fin des années 70 - début des années 80 sont donc témoins de l'avènement de Abdou Diouf au pouvoir. Ils ont en effet vécu les austérités des politiques d'ajustement structurel et les fortes crises de transition démocratique. Aussi, l'histoire de cette jeunesse est émaillée d'évènements qui ont lourdement secoué la stabilité sociale tels que la crise économique, les multiples crises politiques dans la relation opposition/pouvoir, les grèves scolaires qui ont eu des effets douloureux avec une année blanche en 1988 et une année invalide en 1994 (uniquement pour les universités) qui ont lourdement compromis l'avenir de milliers d'élèves et d'étudiants. Le réveil de la jeunesse qui a décidé de reprendre son destin en mains a véritablement pris son essor à partir de ces années fastes mais le gouvernement socialiste ne semblait pas à l'époque voir venir le mal qu'il devait surtout considérer comme une prise de conscience de cette jeunesse prête à en découdre avec un pouvoir qui ne semble plus s'occuper de son avenir.

Il faut aussi noter que l'émergence de la musique Rap à partir des années 90 a joué un grand rôle dans la prise de conscience de cette jeunesse et ce, grâce aux discours électriques qui dénoncent de manière « brute » tous les maux de la société. Ce sont surtout ces jeunes rappeurs qui ont osé briser le tabou dont se couvrait la classe maraboutique pour asseoir son emprise à la fois sur les politiques et sur les disciples dont les votes dépendaient des consignes des marabouts. En galvanisant la conscience des jeunes dans leurs chansons et en dénonçant les vices de certains chefs religieux, la musique Rap a causé en l'an 2000, la chute de la consigne de vote des marabouts. Quoi qu'on en dise, cette musique a permis à la jeunesse sénégalaise de porter un autre regard sur son avenir et dans son engagement citoyen.

Le second élément facilitateur de l'alternance et non le moindre d'ailleurs, vient également de la crise interne au sein du parti socialiste. Tout est parti du congrès sans débat de 1996 à l'issue duquel le président Diouf impose son ami et homme de confiance Ousmane Tanor Dieng à la tête du parti le 30 mars 1996. En effet, cette montée en puissance d'Ousmane Tanor Dieng s'est faite au prix de luttes fratricides ayant même conduit à des affrontements meurtriers entre tendances rivales. La promotion de Tanor a été vue par les barons du parti socialiste comme la volonté d'Abdou Diouf d'imposer son successeur de la même façon qu'il avait été promu par

Senghor en héritant du pouvoir. Djibo Leity Ka sera ainsi le premier ténor à quitter le parti en 1997 à la suite de ce coup de force de Diouf. Il aura d'abord tenté en vain de créer un courant interne au sein du parti socialiste. Expulsé du parti, il aura réussi par cette manière qu'il voulait d'ailleurs, à se poser en victime et à obtenir beaucoup de sympathie de la part de certains cadres du parti qui le soutiendront et le rejoindront dans son nouveau parti le Renouveau Démocratique. Ayant rejoint ainsi l'opposition, Djibo Ka a battu campagne en 1998 contre le PS à l'occasion des législatives du mois de mai de la même année et son parti, en l'espace d'une année d'existence, a réussi à gagner près de 14 à 15% de voix et d'entrer ainsi dans la course aux potentiels présidentiables des prochaines élections de mars 2000.

Le recul du parti socialiste à l'issu des législatives de 1998 a en effet contribué à accélérer sa chute même s'il était encore en position de force puisqu'étant resté majoritaire à l'Assemblée. Mais le vrai coup qui assomma définitivement le parti fut le départ de Moustapha Niasse autre figure de proue du PS. En quittant le parti en 1999 pour quasiment le même motif que son ancien camarade Djibo Ka, le PS a fini par imploser et surtout a montré ses limites pour rassembler ses cadres autour d'un idéal commun. La division étant apparue au grand jour aux yeux des Sénégalais, cela n'a fait que discréditer la grande famille socialiste. N'ayant pas supporté la marginalisation au sein de leur propre formation politique, plusieurs cadres du parti socialiste ont alors pris le courage de basculer dans l'opposition. En créant son propre parti en juin 1999 – l'AFP – et candidat en l'espace de quelques mois, à la présidentielle de mars 2000, la notoriété politique de Moustapha Niasse s'est vite imposée dans le paysage politique sénégalais. Avec plus de 16% des voix au premier tour derrière le PDS et le PS, les deux candidats au second tour en l'occurrence Abdou Diouf et Abdoulaye

Wade étaient convaincus que seul Niasse détenait la clé de la victoire. Malgré la fidélité « calculée » de Djibo ka à l'endroit d'Abdou Diouf à qui il accorda ses voix au second tour, le soutien courageux de Moustapha Niasse à la coalition *Sopi* portée par Abdoulaye Wade, n'a ainsi pas permis à Diouf d'être réélu. Une grande victoire dans la vie de la nation sénégalaise venait ainsi d'être acquise : une victoire pour le grand opposant Abdoulaye qui a passé 26 ans de lutte sans relâche dans l'opposition mais aussi une victoire du peuple sénégalais qui ne voulait plus du PS qui gouvernait le pays depuis 40 ans. Enfin, c'était aussi une grande victoire démocratique qui a redonné l'espoir au peuple et surtout à la jeunesse du pays.

Hormis les réformes institutionnelles et la crise interne au sein du parti socialiste, il faut aussi noter que la presse privée a joué un rôle de premier plan dans la réalisation de l'alternance du 19 mars 2000. En ayant joué le rôle d'éveil, d'information et de sensibilisation de la masse populaire, son influence a été très positive pour la démocratie sénégalaise.

Mais aujourd'hui, un conflit oppose cette même presse qui a contribué au couronnement d'Abdoulaye Wade, à ce dernier. En effet, le président Wade, qui vantait tant les mérites et les qualités professionnelles de la presse, regarde aujourd'hui cette même presse du mauvais œil. Pire, celle-ci est même devenue son principal ennemi qui, selon lui, contribue à déstabiliser le pays.

Mais seulement, il nous semble que le président Wade s'est simplement trompé d'une chose pour avoir sans doute cru que cette presse était acquise à sa cause. Eh bien non, les médias n'ont pas travaillé pour l'élection de Me Wade en 2000 mais ont simplement œuvré pour la consolidation de la démocratie. Abdoulaye Wade n'en a été que le bénéficiaire de l'œuvre. Le message que devait donc comprendre le président Wade à l'issue de ces élections de 2000, était de se dire qu'enfin, le peuple sénégalais avait atteint sa maturité démocratique, aidé en cela par la presse, et qu'il n'était dorénavant plus donné à n'importe quel dirigeant ou leader politique du pays, si influent fût-il, de le manipuler. C'est effectivement de là qu'est venu le malentendu entre le président Wade et la presse : il a voulu entretenir le messianisme et cultiver le populisme pour nourrir sa célébrité tout en oubliant que le messianisme était mort et enterré depuis le 19 mars 2000. Il a ignoré que ce n'était pas grâce à sa seule image qu'il a été plébiscité le 19 mars 2000. Et c'est ce manque de regard introspectif doublé d'un excès d'égocentrisme qui a conduit le pays là où il est aujourd'hui dans cette situation de météo démocratique complètement perturbée. Certes, il y a aujourd'hui un changement dans la relation pouvoir/presse, cette dernière étant accusée de jouer un jeu antidémocratique mais ce qui a véritablement changé selon notre lecture de la situation – nous y reviendrons plus en détail dans le prochain chapitre – c'est plutôt la relation entre la presse et la démocratie. Nous distinguons ce changement à un double niveau : d'abord les médias d'une part et la démocratie d'autre part. En effet, le développement de la presse ces dix dernières années a permis à ce secteur une organisation sous la forme d'entreprises parfois très puissantes sur lesquelles s'exercent des enjeux politiques importants. Pour asseoir sa légitimité ou communiquer avec le peuple ou les militants, aucun détour n'est possible : il faut passer par les médias.

Quant à la démocratie, de son côté, la crise politique qui la fragilise émane d'une question de légitimité du fait du relatif discrédit des élites – aspect que nous développerons également plus en détail dans le prochain chapitre. Ce qu'il faut retenir ici, c'est que dans les deux cas, la conséquence est qu'il y a forcément la modification du citoyen : seul vase communiquant, c'est par la presse que l'Etat s'informe des réalités sociales ou simplement du vécu quotidien de son peuple et c'est également par elle que le peuple s'informe des initiatives de son gouvernement. C'est donc dans ce sens que cette presse est parfois taxée de marchande et d'antidémocratique par le pouvoir lorsque l'information ne tourne surtout pas à la faveur de l'Etat même quand elle est juste.

Chapitre III

L'alternance politique du 19 mars 2000 : affirmation du dogme démocratique mais…

Nous vivons dans un temps, où, si quelques uns trouvent les galères à moitié chemin du pouvoir et de la fortune, il en est d'autres qui trouvent la fortune et le pouvoir à moitié chemin des galères.

Alphonse Karr
Ecrivain français (1808 – 1890)

Le Sénégal, seul Etat de l'Afrique de l'Ouest et l'un des rares pays du continent à n'avoir jamais connu ni coup d'Etat ni guerre civile ou même de troubles politiques graves, se présente aux yeux de la communauté internationale comme la vitrine de la démocratie en Afrique. Du moins, l'alternance politique du 19 mars 2000 le baptise comme tel. Seulement, le charme démocratique du pouvoir de l'alternance dirigé par l'un des plus grands opposants de l'histoire politique du Sénégal postcolonial, en l'occurrence Me Abdoulaye Wade, n'a pas fait long feu auprès de la majorité du peuple sénégalais qui se désole aujourd'hui du caractère de l'individualisme démocratique selon Jacques Rancière[26] « *qui mine les bases de la vie civique en détruisant les valeurs collectives et les liens sociaux ainsi que les ravages de l'égalitarisme qui mène droit vers un nouveau totalitarisme* ». Du coup, Me Abdoulaye Wade qui chantait les vertus de la démocratie pendant 26 ans de combat dans l'opposition se retrouve piégé dans l'horreur autoritaire depuis sa prise du pouvoir. En outre, le discours officiel du pouvoir reconnaît toujours les vertus du système démocratique mais la réalité c'est

---

[26] In *La haine de la démocratie*, éditions La Fabrique, 2005

que ce discours n'a pourtant plus cours même si le Sénégal est encore bien loin de la dérive totalitaire. En fait, le paradoxe dans l'appréciation de notre système démocratique c'est que l'on continue de se référer aux résultats des élections du 19 mars 2000 or l'onction de cette date n'est plus celle d'aujourd'hui et pour preuve, cette élection de mars 2000 n'a pas su garantir que le gouvernement soit au service de l'intérêt général ni qu'il y reste.

En effet, moins d'une année après la survenue de l'alternance politique au Sénégal, le rêve du peuple a très vite dégénéré en cauchemar dans cette marche vers l'affirmation du dogme démocratique. La réalité, c'est que le pouvoir bute à une imparfaite démocratie représentative qui s'interrompe pour laisser libre cours à l'épanouissement du pouvoir en place. Les Sénégalais découvriront alors peu à peu que ce pouvoir ne se complaît que dans une forme approximative. Au juste, si l'on se réfère à la définition basique de la démocratie c'est-à-dire « le gouvernement du peuple, par le peuple et pour le peuple », alors, sans risque de nous tromper, nous affirmons aujourd'hui que la démocratie sénégalaise souffre d'un grand malaise qui a pour nom l'incivisme patriotique ou la corruption. Elle souffre pour des raisons de positions partisanes et d'intérêts particuliers du fait de la marchandisation de la politique dans la vie publique. Cette démocratie dirons-nous encore, est aussi manipulée : elle est confisquée et caricaturée du fait du manque de légitimité et d'impartialité. Nous dénonçons un manque de réflexivité pour sa non prise en compte des expressions plurielles du bien commun et un manque de proximité pour absence de reconnaissance de toutes les singularités comme c'est le cas avec l'ambition d'une mise à mort de l'opposition significative qui a su quand même résister au mal en gagnant la quasi-totalité des grandes villes du pays lors des élections locales du 22 mars 2009. N'empêche, le souffle démocratique n'a pas encore repris avec ces élections mais donne seulement un espoir sur l'avenir si en vérité le peuple poursuit sa logique citoyenne de sanction. Le paradoxe dans l'exemple du Sénégal, c'est que les acteurs censés donner l'exemple - notamment les politiques et la classe religieuse -, semblent malheureusement compromettre le processus du 19 mars 2000 qui tendait à unir toute la nation en une entité solide et impartiale pour le bien de tous. Ce qui met à mal le système démocratique sénégalais, c'est l'attitude même du président Wade qui a du mal à se débarrasser de son ego. Se comportant comme le plus intelligent de tous les Sénégalais, il n'a donc de leçon à recevoir de personne. Explicitement, il ne pardonne pas non plus la concurrence et le dit ouvertement à tous ses prétendants. Ses embrouilles avec ses anciens ténors Idrissa Seck et Macky Sall s'expliquent par l'ambition de ces derniers qui se positionnaient déjà comme de potentiels successeurs. Or selon le président Wade, nul n'a le droit de lorgner son fauteuil, encore qu'il n'ait pas dit la dernière messe. Mais le plus hallucinant encore, c'est que le président cherche à s'octroyer des attributs qui lui permettent de choisir son successeur et de l'imposer au peuple sénégalais. Tout le malaise de la démocratie sénégalaise vient en partie de ce fait : le caractère populiste du président Wade. Ce jeu de populisme qui le fait passer pour un président-prophète entrave en effet la formulation positive d'une démocratie participative. Hélas, le processus démocratique enclenché le 19 mars 2000 devient confisqué.

Le président Wade n'ayant aucun appétit pour la critique, les Sénégalais vivent aujourd'hui une démocratie caricaturée qui se matérialise par des pratiques de surveillance, d'empêchement et de jugement au travers desquelles le peuple se doit pourtant d'exercer des pouvoirs de correction et de pression.

Or la démocratie implique, au-delà du processus garantissant la liberté de chacun, une action politique qui se doit d'inventer des méthodes de résolution des problèmes associant divers acteurs de la société et ce, au-delà de la seule mobilisation des leaders d'opinions, des responsables politiques de toute sensibilité idéologique, la société civile, etc. Alors que le Sénégal doit faire face à de nouveaux enjeux et a des défis nouveaux, son système démocratique, expression d'un état de droit et de liberté, semble hélas bousculé et fragilisé dans ses équilibres par le développement d'une part, d'une démocratie de sanction avec la pression permanente qu'exerce le pouvoir qui utilise comme moyen de répression, la DIC (division des investigations criminelles) sur les leaders d'opinions ; et d'autre part, la dérive populiste du chef de l'Etat sur la classe politique, qu'elle soit de l'opposition ou du parti au pouvoir. Le président Wade, pour lui, ne fait pas d'erreur. Tout ce qui arrive de mal à la nation relève de la faute des autres…Par conséquent, en désignant tous « les autres », notamment les leaders d'opinion (presse, écrivains, partis d'opposition) et la société civile auxquels se joignent les syndicats, comme responsables de tous les maux de la république, les discours populistes du président ne font donc que menacer sans cesse le processus de consolidation de la démocratie.

I. …une démocratie post-alternance imparfaite

Au plan du pouvoir démocratique se déroule la vie quotidienne. Alors les intérêts s'affrontent, classes et familles spirituelles font entendre leurs exigences ; les partis élaborent les programmes, encadrent les forces, accusent les antagonismes de telle sorte que, sur les problèmes de l'heure, la volonté populaire puisse se prononcer. Par le processus démocratique, la collectivité s'affirme dans sa réalité bigarrée et ses soucis de tous les jours, mais non pas dans cette unité et cette abnégation que l'histoire exige des peuples qui le font.

Georges Burdeau[27]

L'un des nombreux paradoxes qu'il convient aussi de souligner depuis la victoire démocratique du 19 mars 2000, c'est le permanent « coup d'Etat institutionnel » qui ne cesse de décrédibiliser l'appareil d'Etat. En effet, le premier chantier qui avait été engagé par le gouvernement Wade dès avril 2000, fut de s'attaquer à l'élite socialiste et ce, en procédant purement et simplement à la suppression de toutes les institutions jusqu'alors dirigées par les anciens ténors du pouvoir de Diouf. Le président Wade, pour se doter du plein pouvoir de faire « ce qu'il veut » a commencé par torpiller la Constitution comme si l'alternance avait été la victoire d'une révolution et non une victoire démocratique dont le peuple est le seul acteur. C'est ainsi que de décrets en décrets, il a progressivement supprimé le Sénat jugé inutile, le CES (conseil économique et social), la Communauté Urbaine de Dakar, etc. La raison invoquée par le tout nouveau président Wade apparu aux yeux de beaucoup de ses compatriotes comme un messie, c'est que toutes ces institutions n'ont pas de sens et ne sont que de simples appareils de gaspillage de fonds publics ; d'où l'exigence et l'urgence de réformer en profondeur l'Etat sénégalais. Mais jusque là, l'électeur lambda qui avait porté Wade aux commandes

---

[27] *Conception du pouvoir selon la Constitution Française du 4 octobre 1958*, Revue française de science politique, 1959.
Politiste français, agrégé de droit public, Georges Burdeau est l'auteur de nombreux travaux sur le droit constitutionnel et la science politique. Son œuvre, *La démocratie*, écrite en 1956, assimile la démocratie au système représentatif, contrairement à Jean-Jacques Rousseau, le père de la démocratie, qui refuse toute représentation politique, mais, envisage le peuple comme l'essence du pouvoir et de la démocratie, le définissant alors comme souverain unique.

de la république, ignorait profondément encore que tout cela n'était qu'une manipulation pour trouver les moyens de renforcer son pouvoir. Le citoyen averti, lui, va très vite s'en rendre compte, eu égard à l'incohérence des réformes engagées car à la place des institutions supprimées, ont été mises en place d'autres avec les mêmes attributs, sans compter la pléthore d'agences nationales créées ici et là et sans réel objet. Le président Wade fera comprendre aux plus incrédules que toutes les nouvelles institutions créées seront exclusivement chargées de veiller à la bonne marche de la gouvernance économique et sociale qui se trouve être sa priorité mais aussi, elles veilleront également à l'application de ses idées et à la réalisation de ses grands travaux.

Le paradoxe pourtant, c'est que ce gouvernement se fait rattraper par l'histoire dès le premier mandat car il lui aura fallu ressusciter le CES et le Sénat et ce, après avoir tout simplement (re)placé ses hommes de confiance du parti et ses alliés et souteneurs de la coalition Cap 21. Même pour les localités qui restaient encore aux mains de l'opposition, le président Wade a trouvé tous les alibis pour les supprimer sous prétexte du nouveau découpage territorial dans le cadre de l'aménagement du territoire. Seulement, cette thèse était loin d'être plausible puisque la commune de Thiès n'était pas concernée par ce nouveau redécoupage et pourtant son maire, en l'occurrence Idrissa Seck qui était en situation tendue avec son mentor, fut également relevé de ses fonctions. D'autres motifs seront alors rajoutés à la première thèse à savoir l'incompétence de certains élus ou le non-respect des missions et responsabilités qui leur sont confiées. Mais là où le ridicule ne tue pas dans ce pays, c'est que l'hypothèse de (re)supprimer le Sénat est encore d'actualité. Sans justification profonde à l'endroit du peuple qui ne sait plus à quel saint se vouer. Jamais la Constitution sénégalaise n'a été autant manipulée au point que certains la considèrent comme un cahier de brouillon ! Et si ce n'est vraiment pas par calcul politique que le président de la république se permet ces incessantes modifications constitutionnelles, alors, une chose est donc évidente, c'est qu'il ignore que faire vivre les mécanismes démocratiques ne tient pas en effet à telle ou telle réforme institutionnelle. Hélas. La Constitution du 22 janvier 2001 n'a de cesse d'être modifiée, *alors même que son auteur – au sens politique, le Constituant étant le peuple sénégalais qui s'est prononcé par référendum le 7 janvier 2001 – continue d'occuper la magistrature suprême*[28]. La troisième loi fondamentale du Sénégal indépendant est, en effet, le pur produit de l'alternance au pouvoir par les urnes : élu le 19 mars 2000 par 58% des suffrages, Abdoulaye Wade, l'opposant historique au « régime » socialiste, avait fait plébisciter – par 94% des suffrages - son projet de nouvelle Constitution, sur le fondement – contesté – de l'article 46 de la Constitution de 1963 alors en vigueur. Nonobstant ce changement licite de Constitution et la modernité de la Constitution Wade, le Sénégal n'a pas rompu avec les errements passés, les révisions à répétition du texte suprême. La Constitution du 7 mars 1963 avait été révisée à 20 reprises.

La Constitution du 22 janvier 2001, qui lui a succédé, change à un rythme beaucoup plus soutenu, grâce

---

[28] Par Stéphane Bolle, Maître de conférences HDR en droit public, Université Paul Valéry Montpellier III.

au soutien inconditionnel du PDS (Parti Démocratique Sénégalais), le parti ultra majoritaire[29]. Entre 2003 et 2008, la Constitution sénégalaise a déjà subi 7 amendements – permanents ou temporaires :

▸ La Loi n° 2003-15 du 19 juin 2003 portant révision de la Constitution et instituant un Conseil de la République pour les Affaires économiques et sociales,

▸ La Loi constitutionnelle n° 2006-11 du 20 janvier 2006 prorogeant le mandat des députés élus à l'issue des élections du 29 avril 2001,

▸ La Loi n° 2006-37 du 15 novembre 2006 modifiant l'article 33 de la Constitution [octroi du droit de vote aux militaires],

▸ La Loi constitutionnelle n° 2007-06 du 12 février 2007 créant un Sénat,

▸ La Loi constitutionnelle n° 2007-19 du 19 février 2007 modifiant l'article 34 de la Constitution [abrogation du 1er alinéa prévoyant de reprendre l'élection présidentielle en cas de retrait d'un candidat],

▸ La Loi constitutionnelle n° 2007-21 du 19 février 2007 modifiant la Loi constitutionnelle n° 2006-11 du 20 janvier 2006 prorogeant le mandat des députés élus à l'issue des élections du 29 avril 2001,

▸ La Loi constitutionnelle n° 2007-26 du 25 mai 2007 relative au Sénat.

---

[29] Stéphane Bollé, op.cit.

La Constitution Wade est promise à d'autres évolutions : 5 textes de révision sont en instance d'approbation par l'Assemblée nationale et le Sénat réunis en Congrès - une nouvelle Assemblée dépourvue de règlement -, conformément à l'article 103 de la Constitution :

▸ La Loi constitutionnelle modifiant les articles 7, 63, 68, 71 et 82 de la Constitution [parité ou quotas de genre - session unique - délibération du Sénat - amendement parlementaire du projet de loi de finances], adoptée par le Sénat, en sa séance du lundi 26 novembre 2007 ;

▸ La Loi constitutionnelle portant création du Conseil économique et social, adoptée par le Sénat, en sa séance du jeudi 13 décembre 2007 ;

▸ La Loi constitutionnelle portant suppression du Conseil de la république pour les affaires économiques et sociales, adoptée par le Sénat, en sa séance du jeudi 23 décembre 2007 ;

▸ Le projet de loi n° 19/2008 portant révision de la Constitution [rétablissement de la Cour Suprême], voté par l'Assemblée nationale, en sa séance du lundi 07 avril 2008 ;

▸ Le projet de loi constitutionnelle n° 18/2008 modifiant les articles 9 et 95 et complétant les articles 62 et 92 de la Constitution [poursuites pour infractions de droit international - contrôle de constitutionnalité obligatoire a priori des règlements des assemblées], voté par l'Assemblée nationale, en sa séance du lundi 07 avril 2008.

Ces « réformes politiciennes » inquiètent plus d'un au Sénégal. Un compatriote s'interrogera d'ailleurs dans les colonnes d'un quotidien en ces termes : « *Le président de la république entend-il ainsi alourdir son projet de l'architecture institutionnelle déjà suffisamment et même vainement lestée aux yeux de franges importantes de l'opinion, avec un Parlement bicaméral dont la deuxième Chambre est plus nommée qu'élue ? Tente-t-il de saborder la volonté populaire clairement exprimée le 22 mars dernier de s'opposer à toute dévolution monarchique du pouvoir ? A-t-il simplement trouvé le modèle gabonais et dans deux ou trois autres pays africains, opératoire ?*
Sans préjuger du contenu du texte de l'Exécutif dont ils n'ont pas encore la teneur, plusieurs juristes interrogés, s'inquiètent néanmoins de « *cette volonté de bouleverser les institutions de la république sans pour autant s'en référer au peuple par voie référendaire et pour des objectifs qui ne sont pas clairement perçus par le grand nombre* ». *Ils s'émeuvent du fait que l'on tente encore une fois avec la création du poste de Vice président dont le locataire sera nommé à opérer* « *une greffe dans le régime politique en instituant à nouveau un doublon parfaitement imparfait* ». *Selon eux,* « *déjà que le Premier ministre au Sénégal n'a aucune légitimité politique, ne tirant sa légitimité fonctionnelle que de la seule volonté du président de la république, élu lui, au suffrage universel, est un doublon imparfait du chef de l'Exécutif constitutionnellement reconnu, le Vice ou la Vice-présidente ne sera dans ces conditions qu'un autre doublon imparfait sans aucune légitimité*[30] ». Dans quel pays sommes-nous ? Dans quelle république démocratique digne de ce nom, un président de la république, qui plus est élu au suffrage universel, peut-il se permettre de désigner d'un claquement de doigt celui qui doit lui succéder au

---

[30]Madior Fall, in Sud Quotidien du 04 mai 2009.

pouvoir, de nommer à 75% les membres du Sénat acquis à sa cause pour défendre et faire passer ses textes ? Voilà des mœurs dignes d'une république bananière !

Et alors, la question que nous nous posons consiste à savoir de quelle façon le président Wade conçoit la gouvernance d'un Etat ? Est-ce un simple jeu de yoyo sur fond d'intérêts particuliers ? Victimes de tels comportements théâtraux, la majorité des citoyens ont décidé simplement le divorce avec la classe politique sénégalaise qui n'a plus aucune crédibilité à leurs yeux. Avec le fossé qui sépare la classe pauvre de cette élite politique considérée de nos jours comme étant les privilégiés de la république, les frustrations ne font que s'aggraver. En effet, le contraste est si grand que lorsqu'on fait un tour vers les Almadies et quelques quartiers huppés de Dakar et que l'on redescend vers Yeumbeul, Thiaroye et même au niveau de la banlieue proche comme Grand-Yoff et alentours, - sans compter les disparités qu'il y a entre Dakar et les autres villes du pays -, on est tout de suite frappé par les paradoxes qui traversent la société sénégalaise avec d'une part, la grande pauvreté et d'autre part, une poignée de citoyens qui roulent sur de l'or. Un compatriote, dans les colonnes du journal web *Seneweb* qualifiera d'ailleurs ces disparités beaucoup trop flagrantes *d'iceberg cancérigène qui gèle les membres de ce grand corps malade qu'est le Sénégal sous Wade*. Et notre ami d'ironiser : « *Ajoutez-y le scandale des ICS et de la défunte Sonacos, les journalistes mercenaires ou alimentaires, les « intellectuels » et « marre-à-boue*[31]*» politiciens qui ont participé au festin, on comprend mieux les causes de la faillite d'un Etat déficitaire au point de vouloir brader un bijou de famille*[32] *pour la bagatelle « minable » somme de*

---

[31] Expression utilisée pour désigner les « marabouts » mal intentionnés
[32] Il s'agit ici de la Société nationale des Télécommunications (SONATEL), seule entreprise nationale qui se porte bien financièrement.

200 milliards de nos francs. Sans l'alternance, beaucoup d'arrivistes et de nouveaux riches continueraient d'arpenter les rues de la capitale sous une chaleur torride pour emprunter les mêmes « car rapides » que les citoyens lambda. Bravo Président, vous avez beaucoup trop de mérite. On comprend à présent ce que « Sopi » veut dire, et on y voit plus clair sur l'instauration d'une vice-présidence inopportune et qui n'est rien d'autre que la face cachée des vices d'une présidence (...)[33]. Du coup, cette société apparaît bloquée et divisée, renforçant de fait les sentiments de haine et de profond désamour qui fragilise la cohésion nationale. « *Ainsi, certaines franges de la société sénégalaise, longtemps bercées par des discours sur l'unité nationale mais aussi par le mythe du développement dont la date symbolique était 2000 (comme le clamait Senghor qui disait qu'en l'an 2000, Dakar sera comme Paris) ont déchanté devant les incertitudes et ne croient plus à l'Etat-nation. Etre sénégalais aujourd'hui, n'est pas forcément une fierté pour tous. La nation sénégalaise, rejetée par certains a été confisquée par les élites sénégalaises les seules à même de comprendre tous les enjeux d'un Etat-nation ».*[34] La principale conséquence de cette situation, c'est que le pays n'a plus foi en lui-même puisque le rêve d'une nation unie et prospère est devenu un rêve irréalisable. L'Etat-nation ne signifie rien pour les pauvres qui pensent avant tout à se battre pour nourrir leur famille. Pour de nombreux Sénégalais en effet, c'est l'unique combat qui mérite qu'on livre bataille pour lui. Et tous ceux qui ne réussissent pas à se sortir des difficultés de la vie quotidienne, même s'ils ne remettent pas en cause leur nationalité, n'hésitent pourtant pas à rêver d'autre chose. Tous les déçus ne pensent qu'à prendre le large. Partir en Europe ou en Amérique est devenu aussi

---

[33] Lire Momar Mbaye, in Seneweb, contribution du 26 mai 2009.
[34] Abraham Ehemba, *Armée et nation*, mémoire de DEA géopolitique, IFG, Université Paris 8, 2005.

l'expression d'un rejet du modèle de l'Etat-nation sénégalais. Les candidats à l'émigration clandestine par la mer l'ont d'ailleurs clairement évoqué avec leur slogan en 2006 : *Barça ou Balsaak* autrement dit, atteindre Barcelone ou mourir en enfer. Pour ces gens, il est hors de question de rester au pays et de continuer à vivre l'oisiveté forcée. Mieux vaut donc mourir que d'y rester. C'est donc quelque part le sentiment de nationalisme qui s'effrite même si quelque part, on ne peut véritablement leur reprocher un désamour patriotique. La question est plus complexe que ça. Le tripatouillage de la Constitution peut aboutir en effet au mépris des institutions par le peuple. Or le repli sur soi ou sur la vie privée et l'incapacité de l'Etat à assumer la domination du récit national signifie une désinstitutionalisation qui représente la déliquescence des normes et des valeurs qui contribuent à l'édification des temps modernes[35]. Et Alain Touraine de dire à ce propos que « la fragilisation du lien social constitue une démodernisation »[36].

Ce que semble ignorer le président Wade qui fut pourtant un juriste bien respecté, c'est que le trait essentiel de la Constitution doit résider dans le rétablissement de l'Etat au rang des forces animatrices de la vie publique. A ce titre, le président de la république a le devoir de faire efficacement valoir ses exigences grâce aux prérogatives dont il dispose définies par son assise nationale et par son rôle de mainteneur de la cohésion et de la grandeur nationale. Or ce que l'on constate aujourd'hui au Sénégal, c'est que cette restauration de l'Etat en tant que pouvoir semble perdue dans la compétition des forces vives et politiques du pays. Maniant la Constitution comme ça l'arrange et aménageant les institutions de la république à son goût, le président

---

[35]Jean-François Lessard, *La question du politique dans la modernité. Comprendre le malaise contemporain,* Les éditions Liber, 2008.
[36]Alain Touraine, *Pourrons-nous vivre ensemble? Egaux et différents*, Paris, Fayard, 1997.

Wade ne tente-t-il pas réellement d'éliminer le prétendu pouvoir populaire qui, au juste, demeure inséparable de l'existence des partis politiques ? Or la Constitution consacre à la fois le pouvoir d'Etat et le pouvoir du peuple. Ce qui du coup, révèle le caractère incohérent de vouloir créer le poste de vice-présidence de la république sans consulter ce peuple souverain. En effet, la Constitution comme le souligne Georges Burdeau[37], doit réconcilier l'autorité avec la démocratie car cette autorité est indispensable pour que la démocratie elle-même ne se dissolve pas dans l'aveuglement des intérêts ou les rivalités des factions comme il se passe actuellement au sein du PDS.

En outre, par cette absence de démocratie sociale et participative, la conséquence est qu'aujourd'hui, comme nous le soulignons plus haut, il y a une rupture dans un certain sens entre l'élite politique et le citoyen d'en bas. Au cours de nos échanges avec certains citoyens de la diaspora sur la situation politique et économique du pays, beaucoup n'ont pas hésité à nous dire qu'ils ne s'en préoccupent pas. Un compatriote nous dira à ce titre : « *ce n'est pas le problème du pays qui m'intéresse mais celui de ma famille. Mon leader politique, c'est dorénavant ma propre poche qui me permet de nourrir ma famille restée au village. J'avais commencé la politique depuis le temps des Senghor à l'aube des indépendances jusqu'à l'arrivée de Me Abdoulaye au pouvoir en 2000. Mais je suis tellement déçu par l'attitude des hommes politiques qui nous prennent pour des imbéciles, que je n'ai même plus envie d'entendre parler de politique. A mon âge (la soixantaine environ !), je décide de tourner définitivement cette page et personne d'autre ne pourra me convaincre de militer pour la cause d'un parti politique ou d'un*

---

[37] Lire Georges Burdeau, *La conception du pouvoir selon la Constitution française du 4 octobre 1958*, op.cit.

quelconque leader politique »[38]. On le voit donc, ce n'est pas seulement ici la perte de confiance vis-à-vis de la classe politique qui prévaut dans le sentiment de ce compatriote ; mais il y a autre chose d'encore plus grave : l'effritement du sens de l'Etat-nation dont l'utilité ne signifie plus grand-chose aux yeux de ce citoyen désabusé. Et cet interlocuteur de nous dire : « *je vous assure que la tâche ne sera pas facile pour la nouvelle génération car le paysage politique sénégalais souffre du corporatisme, du népotisme et de la corruption. Il y a donc une nécessité de réinventer ce monde politique si nous voulons faire un pas en avant dans la bataille déjà si rude pour le développement du pays et du continent* ». Un autre compatriote abondera dans le même sens : « *j'ai commencé la politique depuis les années 1960 mais jusqu'ici je ne vois pas ce que les hommes politiques ont réalisé de positif pour les populations sinon que de se remplir leurs propres poches tout en faisant des promesses mensongères et à la limite méprisantes pour les pauvres citoyens pris pour des marionnettes* ». Et notre interlocuteur de se désoler du recul de la démocratie participative qui est à l'origine de cette situation de crispation sociale. Mais pour lui, la raison est très simple car c'est juste une question de volonté politique et d'incivisme patriotique qui consiste à placer l'intérêt personnel devant l'intérêt collectif. Sa déception est d'autant plus grande qu'en dépit des gros efforts fournis par les expatriés ressortissants de la région de Matam (au nord du Sénégal), l'Etat n'a rien fait pour les soutenir dans cette contribution au développement local. Imaginez chers compatriotes, nous disait-il : « *c'est nous les immigrés qui avons construit la prison de notre commune à l'image de celles que nous voyons ici en Europe. Celle qui existait*

---

[38] Entretien réalisé le 14 février 2009 avec des compatriotes immigrés dans une résidence des travailleurs à Paris.

était si dégradée qu'on avait du mal à croire qu'un être humain pût y passer une demi-journée dans cette insalubrité et promiscuité indescriptibles. Nous avons également construit un immeuble de trois étages pour le dispensaire et nous l'avons équipé en matériel hospitalier que nous avons pu collecter à partir d'ici. Même pour la construction de la brigade de gendarmerie, nous avons contribué à hauteur de plusieurs millions de francs CFA, sans compter l'école publique qui a été entièrement financée par nos soins. (...). Mais hélas, se désole-t-il, ne serait-ce que pour le dispensaire, l'Etat n'est même pas fichu de nous envoyer du personnel médical compétent. Il n'y a que des stagiaires qui y viennent à tour de rôle. Comment pouvons-nous donc continuer à courir derrière ces hommes politiques ? », conclut-il avec un air ému. Il n'y a ainsi pas de réponse simple à la situation sociopolitique que traverse actuellement le pays. Pour le gouvernement en place, la gestion des affaires publiques doit être à l'abri des regards de l'opinion publique et en dehors de son influence. Ce qui pose justement un paradoxe selon la théorie des libertaires qui considèrent que si un peuple est souverain, l'Etat doit lui être subordonné et non le contraire. Et dans tous les cas, un peuple pour qui la centralisation absolue et sans réplique est le dernier mot n'aura jamais d'institutions libres.

En outre, « *les citoyens doivent être libres de condamner le gouvernement et ses pratiques sans devoir craindre des poursuites pour diffamation séditieuse, doctrine selon laquelle l'Etat peut être victime d'une attaque criminelle simplement par l'écrit ou la parole et selon laquelle il a également le droit, lui, l'Etat, de punir ce crime soit par les tribunaux, soit par le parlement* »[39]. C'est ainsi que certains leaders d'opinion et journalistes en particulier ont

---

[39] Noam Chomsky, *Idéologie et pouvoir*, Les éditions EPO, 1991, p.107.

connu des procès, certains ayant été même envoyés en prison pour délit d'atteinte à la sûreté de l'Etat. Ce que l'on reproche à ces victimes, ce n'est pas le non-fondé de leurs écrits ou dénonciations mais tout simplement l'absence de droit qu'elles auraient de divulguer certaines informations qui relèvent du secret d'Etat. Oui, l'Etat est bien sacré. Nous dirons même que cet Etat, eu égard aux agissements de Me Wade, est personnel. D'où le nouveau concept de la personnalisation de l'Etat qui n'est qu'un Co_2 qui ne fait que polluer la démocratie dans la vie d'une nation.

Voilà de manière fidèle le scénario qui se produit dans le système dit « démocratique » du Sénégal. Et si l'on tient à cette dimension, il va de soi que la démocratie sénégalaise est en panne de modèle cohérent. En outre, la seule liberté d'expression qui vaille avec le pouvoir de Wade, c'est bien évidemment celle consistant à tresser les lauriers du président. Certes, même dans les grandes démocraties, on peut, en certains endroits, comprendre l'attitude du gouvernement dans de pareils cas dans la mesure où l'on sait qu'un peuple mobilisé et conscient des enjeux politiques de son pays peut fortement influencer la politique de différentes manières qui peuvent aller de l'action purement politique (avec la sanction électorale – l'exemple de la présidentielle du 19 mars 2000 ou des élections locales du 22 mars 2009), à la désobéissance civile (plusieurs exemples sont à noter aussi dans ce cas : l'exemple des marchands ambulants de Sandaga, la révolte des jeunes de Kédougou ayant abouti à mort d'homme, le brandissement des foulards rouges à l'endroit du président durant sa campagne électorale déguisée lors des locales de 2009, etc.).

Mais qu'on se le dise, dans le cas précis du Sénégal comme de la plupart des démocraties africaines, au-delà de cette fameuse peur d'une perte d'influence sur le pouvoir politique, se pose en vérité une autre dimension encore plus importante : c'est la question de la responsabilité politique. En effet, un pouvoir ne doit pas refuser ou avoir peur d'être jugé d'autant plus qu'il n'y a pas forcément un lien entre la liberté interne d'une société et son comportement ou son influence sur la classe politique comme nous le disions en introduction. Et d'ailleurs, mieux, cette liberté qui permet d'instaurer un dialogue autour d'un idéal républicain permet de mieux appréhender le gouvernement, ses projets, ses pratiques et du coup, renforce l'efficacité et la puissance de l'Etat.

Nous avons en outre posé le problème de responsabilité politique car au juste dans un système démocratique, celle-ci est le socle de l'action ou de l'activité politique tout court. Or, malheureusement, cette dimension de responsabilité gouvernementale n'est qu'une illusion dans l'espace politique africain (en tout cas dans sa grande majorité). Généralement, quand tout va bien, c'est que le gouvernement ou le président de manière explicite, a vu juste. Mais lorsque ce n'est pas le cas, alors, tout le mal est mis sur le dos du peuple et de l'opposition qui sont dans ce cas les grands fautifs.

II. La face cachée de l'alternance ou l'avènement d'une république des vanités … et de l'hypocrisie

Vanité des vanités ! O misère humaine ! Que voit-on sur la terre ? Des hommes qui s'égarent, des hommes qui égarent leurs frères et des hommes égarés.

Clarisse Vigoureux
Dans « Paroles de providence »

Nous avons tout entendu dans le camp de la mouvance présidentielle depuis l'arrivée du président Wade au pouvoir. Si certains vont même jusqu'à insulter l'intelligence des Sénégalais qui osent critiquer le président ou ses actions, d'autres, au-delà de la considération prophétique qu'ils ont de lui, considèrent que leur chef n'a pas d'égal parmi tous les présidents du monde. Vanité ou manque de retenue ou encore hypocrisie ? Dans tous les cas, pour tout citoyen sénégalais soucieux de l'avenir du pays, il lui est difficile de se taire devant deux faits particulièrement inquiétants et symptomatiques qui « souillent » aujourd'hui la république : la vanité et l'hypocrisie. Vanité qui suinte de la présidence de la république, aujourd'hui habitée par un président omniscient, omnipotent qui se pose en éclaireur du Sénégal, de l'Afrique et même du monde. Mais aussi, vanité du super-président dans sa prétention à n'avoir aucun égal au Sénégal, attitude qui le pousse à décider de tout, d'être le président de tout, le ministre de tout. Et enfin, vanité de contrôler les médias pour que tout ce qui s'y dit tourne en sa faveur.

Que dire des ex-adversaires politiques du président Wade aujourd'hui bénéficiaires de la politique clientéliste du président ? Hier pourfendeurs du grand opposant Me Wade, ces politiciens que certains n'hésitent pas d'appeler les vautours de la république, sont aujourd'hui devenus les serviteurs zélés du pouvoir. Le sentiment de honte n'a plus de sens chez ces individus tant qu'ils gagnent leur pain ! Est-ce la peine de s'étonner de cette précampagne des « vautours de la république » qui s'activent sur la réélection de Me Wade en 2012 ? Si cela peut paraître moins ambitieux aux yeux de la majorité des Sénégalais, il n'y a, en revanche, rien d'anormal pour eux : il faut que Wade soit encore là pour éviter que leur robinet soit coupé. Mais que ces bénéficiaires éphémères des lambris de la république se mettent à l'esprit qu'ils font la honte du peuple sénégalais et qu'un jour, les futures générations cracheront sur leurs tombes en leur disant qu'ils n'avaient pas été la fierté du Sénégal. On avait cru voir en Me Wade le soir du 19 mars 2000, l'homme de la révolution sociale qui devait remettre le pays en marche mais aujourd'hui, même le plus incrédule a déchanté.

Que l'on ne se trompe pas : si l'image du Sénégal est toujours de bonne mine partout à travers le monde, ce n'est pas grâce à ces politiciens mais c'est plutôt grâce à l'intelligentsia de l'élite sénégalaise présente dans tous les champs de compétences à travers le monde entier et ce, que ce soit sur le plan académique, professionnel qu'artistique et culturel. C'est grâce aux dignes enfants qui rayonnent partout au Sénégal et à l'étranger que le Sénégal tient encore son respect. Certes, si la première génération politique du pays à l'image des Senghor, Dia, Cheikh Anta Diop et compagnie, a eu beaucoup de mérite et de charisme et ce, pour avoir surtout combiné à la fois le talent politique, intellectuel ainsi qu'un sentiment de patriotisme fortement ancré dans leurs engagements politiques, il faut reconnaître qu'exception faite à certains hommes politiques actuels dont la plupart sont dans l'opposition et notamment au sein de la coalition *Benno*, l'alternance politique a plutôt fabriqué plus de politiciens du ventre qui n'ont absolument rien à faire de la vertu car l'accumulation de l'hypocrisie qui mine le paysage politique, nous fait vivre dans une nation en trompe-l'œil ! Et il est du devoir de chacun de réagir, de remettre (et de se remettre) en cause pour reconstruire le pays sur les vraies valeurs tels que nous l'ont légué nos illustres ancêtres qui, au-delà du Sénégal, ont fait la fierté de l'Afrique noire tant sur le plan de la combativité que de la morale et de la spiritualité. La gravité de l'heure, c'est que dans ce paysage politique sénégalais « du n'importe quoi », ces comportements sont inquiétants de même que l'absence de réaction de l'élite intellectuelle que nous dénoncerons dans les pages qui suivent. On assiste au plus haut niveau de l'Etat à des dérives hystériques, vaniteuses et bureaucratiques qui rappellent étrangement les comportements d'une société primitive. Ce qui est dommage aujourd'hui, c'est que tous les débats politiques relayés par la presse nationale, tournent autour du PDS, des retrouvailles de la grande famille libérale, du retour d'Idrissa Seck au PDS, bref. Comme si en effet, le PDS c'est le Sénégal et en conséquence, tout citoyen ne soutenant pas ce parti n'est pas digne d'être écouté et pris en considération dans le débat public. C'est d'ailleurs ce qui justifie la censure de ces nombreux ouvrages publiés par certains intellectuels sénégalais qui ont eu pour seul tort de ne pas cirer les pompes du PDS de Me Wade. Cette attitude n'est rien d'autre qu'une atteinte à l'esprit de la nation qui nuit à la bonne marche de la démocratie et de la cohésion nationale.

III. **Néanmoins, une prise de conscience citoyenne voit progressivement le jour**

Ceux qui croient que le pouvoir est amusant confondent pouvoir et abus de pouvoir

André Malraux
Ecrivain et homme politique français
(1901 – 1976)

Une grande majorité de la population sénégalaise est de plus en plus consciente de sa marginalisation et du profond désintérêt de la classe politique pour ses préoccupations. Les résultats des élections locales du 22 mars 2009, sont en effet l'expression d'une volonté manifeste du peuple de reprendre en mains son destin. Ce n'est donc pas l'opposition qui a gagné ces élections mais ce sont plutôt les politiques qui l'ont perdue et le peuple qui l'a gagnée ! Aussi, aux élections législatives de juin 2007, plus de 70% de l'électorat n'a pas été aux urnes. Ce n'était pas non plus l'opposition boycotteuse qui s'était fait entendre mais plutôt le même peuple faisant de plus en plus preuve de maturité démocratique, qui avait ainsi sanctionné le jeu de yoyo de la classe politique. Ce qui prête à confusion, c'est que ladite opposition significative qui avait boycotté ces élections législatives de juin 2007, fait de ce record d'abstention au vote, sa propre victoire. Selon notre lecture, ce n'est vraiment pas le cas car rien ne justifie que les électeurs auraient majoritairement voté si elle (l'opposition) avait participé auxdites élections. La vraie réponse, c'est que le peuple ne trouve plus de crédibilité en sa classe politique et ce, quel que soit le leader politique qui puisse être. D'ailleurs, même si la même opposition est sortie victorieuse des élections locales du 22 mars 2009, nous pensons très honnêtement que c'est parce que la situation était en sa faveur eu égard à la crise liée à la cherté de la vie qui secoue durement les populations. Pour preuve, lorsqu'on fait le diagnostic des résultats de cette élection, l'opposition a quasiment gagné les grandes villes mais le monde rural est « raflé » par la mouvance présidentielle. Qu'est ce qui peut expliquer cela ? Nous tentons de comprendre le phénomène par le fait que la population urbaine est beaucoup plus touchée par la crise financière et en particulier, alimentaire. En revanche, avec l'abondance de la pluie durant l'hivernage 2008 et la politique de la GOANA qui a beaucoup plus incité la masse paysanne à la production vivrière, le monde rural, en dépit des difficultés économiques auxquelles il n'échappe pas, reçoit néanmoins un choc plus amorti que dans les villes. Et c'est ce qui explique justement la logique des urnes du 22 mars 2009. Ces élections ont été significatives autant par ce que le collège électoral a exclu que ce qu'il a retenu. Ce collège électoral qu'est le peuple a exclu les oppositions de classe et les divergences idéologiques qui ne cessent de miner le paysage politique sénégalais. Il a également exclu l'emprise du PDS qui se confond avec l'Etat ; un signal fort pour faire comprendre au président Wade que le parti au pouvoir n'est pas le parti du pouvoir. Enfin, le peuple a retenu à la suite de ces élections, les volontés citoyennes qu'à tort ou à raison, on croit mieux perceptibles dans les horizons de la vie locale. En outre, force est de reconnaître que la crise de confiance qui est née entre la classe politique et le peuple s'explique essentiellement par deux faits : d'abord, il se pose le problème de l'absence de démocratie participative car il n'est jamais impliqué ni de près ni de loin dans les décisions le concernant. Ensuite se pose un autre cas non moins caractéristique de cette crise : c'est l'état de corruption et le manque de convictions au sein du paysage politique. La politique telle qu'elle est pratiquée au Sénégal est devenue un secteur de citoyens privilégiés : « *des cols blancs beaucoup plus que des cols bleus tandis qu'elle est très faible parmi les pauvres et les chômeurs qui, évidemment ne se considèrent plus comme représentés au sein du système politique* »[40]. Et c'est cette frustration d'ailleurs qui est à l'origine de plusieurs manifestations de colère allant jusqu'à verser dans la violence depuis la réélection de Me Wade à la présidentielle de février 2007. En outre, les prétendus laissés pour compte décident de plus en plus de ne plus se laisser faire et de reprendre en revanche leur destin en mains. La riposte des marchands ambulants de Sandaga qui en avaient eu marre d'être pourchassés par la police nationale alors que leur activité était la seule source de revenus pour nourrir des milliers de familles, laquelle riposte dont on ne s'attendait pas d'ailleurs eu égard à sa spontanéité, était pourtant si impressionnante qu'elle a fait reculer le gouvernement. Un exemple qui, nous le croyons, avait montré la voie à suivre aux frustrés de la gouvernance de Wade. C'est ainsi qu'il s'en est suivi les émeutes de la faim puis le scandale de Kédougou avec la révolte de sa jeunesse qui réclamait de l'emploi et rien que du travail. Nous n'ignorerons pas le cas du collectif des imams de Guédiawaye qui fut

---

[40] Noam Chomsky, op.cit.

d'ailleurs le cas le plus illustrateur car ce fut la première fois dans l'histoire du Sénégal que ces prêcheurs de la morale sortaient de leurs mosquées pour crier leur ras-le bol dans la rue. Cette marche des imams avait tout son sens dans le contexte politique du pays où la classe religieuse était de plus en plus corrompue et abandonnait progressivement son devoir d'éducation morale et de veille pour céder au clientélisme (politique) - l'arme de guerre du pouvoir de Wade qui a fait beaucoup de victimes tant dans le paysage politique qu'au sein de la société dans toutes ses composantes.

Toutes ces manifestations citées, même si elles furent vigoureusement condamnées par le gouvernement, illustrent pourtant un réel état de droit pour une nation qui se dit démocratique car le peuple doit pouvoir influer sur le pouvoir politique sans pour autant s'attaquer aux structures institutionnelles formelles. Ce qui fut le cas. Les mouvements populaires n'ont en effet qu'à contribuer aux changements institutionnels significatifs pour arriver à influencer la politique de l'Etat.

C'est à travers les mouvements populaires que naissent de véritables systèmes idéologiques capables d'agir de plusieurs manières pour arriver à modifier les décisions prises à l'intérieur d'un système politique dont la majorité des citoyens est largement exclue.

Chapitre IV

A vous de juger

L'histoire comme la vie est faite d'ombre et de lumière. La postérité a le droit de connaître la vérité et les erreurs que certains ont pu commettre, ne serait-ce que pour les éviter.

Thierno Diallo,
Dina Salifou, roi des Nalous
Cité par Diatta Oumar[41]

I. La fin justifie les moyens

Nous dénoncions dans le précédent chapitre l'instrumentalisation voire la manipulation de notre système démocratique. Oui, manipulation il y a, car pour justifier cette démocratie, une grande partie des acteurs politiques s'appuient sur le mensonge et la démagogie, à savoir même si leurs attitudes ne touchent pas le comble de l'hypocrisie. Mais le comble encore, c'est que ceux qui s'adonnent à cette pratique de la politique du ventre ne se rendent pas compte ou alors feignent d'ignorer que leurs comportements sont ô combien méprisables – à moins qu'ils ne se fichent éperdument de la république. Mais qu'ils sachent qu'aucune nation ne peut se développer si elle laisse l'hypocrisie et la corruption détruire les valeurs morales qui constituent le ciment de tout progrès social.
En effet, dans le débat de la fin et des moyens au sein du paysage politique sénégalais, l'on sait aujourd'hui que dans ce pays, les fins s'apprécient à l'aune des moyens employés et ceux-ci vont de l'achat des consciences des

---

[41] In *La Casamance : essai sur le destin tumultueux d'une région*, l'Harmattan, 2008.

pauvres militants au mensonge et à la démagogie, voire même au populisme. Or comme on peut le noter dans « Dialogues des Justes », Romain Gary disait à Jean Daniel : « *prenez une vérité. Jugez-là prudemment à hauteur d'homme, voyez ce qu'elle frappe, qui elle tue, qui est ce qu'elle épargne, qu'est ce qu'elle rejette. Sentez-là longuement, voyez si ça ne sent pas le cadavre, goutez en gardant un bon moment sur la langue – mais soyez toujours prêt à recracher immédiatement. La démocratie, c'est le droit de recracher* ». Et donc, loin de soulever la polémique et encore moins d'inculquer un sentiment de mépris et/ou de rejet vis-à-vis de certains acteurs de la classe politique, nous soumettons cependant aux lecteurs dans les lignes qui suivent, quelques déclarations de ceux et de celles qui président de nos jours aux destinées de la république. Certes, nous ne les aurions pas (re)publiées si ces derniers n'assumaient pas des responsabilités dans la vie publique. La démocratie exige un devoir de mémoire et il appartient à chaque citoyen de se positionner. Et de juger ! Elle n'est donc pas une technique mais un ensemble de valeurs. Toujours dans ce débat de la fin et des moyens, le clientélisme politique sème réellement la zizanie dans la vie publique et pire, c'est l'Etat en question, qui nourrit ce clientélisme, qui en sort affaibli en perdant de facto son autorité face aux multiples revendications des électeurs comme de toutes autres classes sociales et professionnelles qui réclament chacune, sa part de gâteau pour service rendu dans les urnes. C'est ainsi qu'à chaque remaniement gouvernemental, des voix s'élèvent de partout pour réclamer la nomination des leurs. Ces revendications vont de marches pacifiques aux actes de vandalisme car lorsque des citoyens se permettent de brûler le drapeau national pour réclamer la nomination d'un des leurs à un portefeuille ministériel, c'est le comble qui est atteint. La perte d'autorité de l'Etat dans cette situation conduit à la médiocrité du pouvoir. Nous osons d'ailleurs croire que

l'une des nombreuses raisons de la faillite de la quasi-totalité des entreprises nationales reste liée à cette situation de nominations de complaisance de personnes incapables à la présidence de conseil d'administration et ce, juste pour faire taire certaines localités qui n'ont pas pu obtenir un portefeuille ministériel. Voyons le cas du dernier gouvernement sous Ndéné Ndiaye le Premier ministre nommé après les locales de mars 2009. A peine l'équipe gouvernementale formée, les « zappés » n'ont pas attendu pour crier leurs désarrois. Ainsi, *si ce ne sont pas les partisans des ministres évincés qui montent au créneau pour dénoncer le limogeage de leur mentor, ce sont les populations des régions « zappées » par Wade qui crient à l' « injustice ». Ainsi, on a assisté à Saint-Louis, à des manifestations avec des pneus brûlés, des routes barrées par des partisans d'Ousmane Masseck Ndiaye.*
A Ziguinchor, les populations qui estiment avoir accompli la mission qui, selon eux, consistait à "déraciner le baobab", comprenez Robert Sagna, ont aussi manifesté leur courroux de ne voir aucun membre de cette région siéger dans le gouvernement.
Ensuite, ce fut au tour du Fouta de prendre le flambeau. Les différents conseillers municipaux libéraux de la Communauté rurale de Wouro Sidy, village d'origine d'Adama Sall, l'Ujtl départementale de Kanel, le président de l'Ujtl de Matam, ainsi que des délégations venues de Ganguel, de Kanel et de Sinthiou Bamabé se sont donné rendez-vous pour tenir un meeting qui avait des allures d'une manifestation. Le but est toujours le même : dénoncer la non-reconduction de leur chef (Adama Sall) dans le gouvernement. Prenant la parole, Layti Ndiaye a demandé au président de la République de rectifier ce qu'il appelle une « erreur».
Ce qui est intolérant poursuit le journaliste, c'est que *« depuis l'avènement de l'alternance, la Casamance a toujours été en rade ; jouant les seconds rôles et quand il*

s'agit d'aller au front on est toujours les premiers et pour le partage du gâteau, on nous place tout simplement dans les oubliettes ». Et Jérôme Ntap, un conseiller à la municipalité de Ziguinchor de dire : « *avec la non reconduction de la ministre Innocence Ntap Ndiaye c'est toute la Casamance qui perd. Du cap Skirring jusqu'à Vélingara, la région naturelle du Sud n'a bénéficié d'aucun poste stratégique. Une seule promotion est à noter du coté civil et militaire depuis l'avènement de l'alternance, il s'agit de celle de Mme Ndiaye* [42] ». Nous avons donc des raisons d'avoir peur, vu la tournure que prend peu à peu la politique au Sénégal. Certes, les plaignants n'ont pas totalement tort car quelque part, l'Etat censé garantir la cohésion nationale ne remplit pas cette mission qui est le véritable ciment de la stabilité d'un pays. En effet, en regardant la physionomie du gouvernement du Premier ministre Souleymane Ndéné Ndiaye, la première chose qui frappe, c'est le manque de répartition des compétences nationales avec quasiment l'absence de certaines régions dans l'attelage gouvernemental. Or dans la situation sociale, pas seulement du Sénégal, mais de la plupart des Etats africains où le sens de l'Etat-nation qui se matérialise par le sentiment d'appartenance à une communauté nationale, s'effrite de plus en plus, il y a de quoi savoir jouer le jeu pour ne pas amplifier les frustrations des communautés non visibles. C'est tout ce que semblent demander les « régions oubliées », hormis le sentiment de politique clientéliste. Mais entendons-nous sur l'essentiel: dans la construction de la démocratie, il faudrait que l'on évite un piège qui consiste à recourir au repli identitaire ou communautaire.

Il faut donc se méfier du recours à la démocratie - non comme valeur- mais comme technique électorale. Elle a porté des régimes fascistes (Hitler) et elle a porté des

---

[42] Lire Sud Quotidien du 04 Mai 2009.

régimes les plus anachroniques et rétrogrades.

En tant que valeur, la démocratie ne peut être un repli, au contraire, c'est une progression. La démocratie doit en effet, tracer de nouvelles perspectives pour la sauvegarde des valeurs de la république et de la cohésion nationale. L'augmentation du niveau de rationalité de la société est la condition de la démocratisation. Et c'est vers cet objectif que doit tendre la société civile et les partis politiques qui prônent la modernité. Cette société de savoir, qui donne la primauté à la formation en lui affectant l'essentiel des ressources du pays, est aux antidotes de la société autoritaire dans laquelle sa part de rente est fonction de sa place dans la hiérarchie du pouvoir, autrement dit, une société qui érige l'ignorance et la pauvreté comme instrument de domination.

II. Ils ont dit...

« Mais il est besoin de bien savoir colorer cette nature, bien feindre et déguiser ; et les hommes sont tant simples et obéissent tant aux nécessités présentes, que celui qui trompe trouvera toujours quelqu'un qui se laissera tromper ».

Machiavel
Le Prince, XVIII

Ahmed Khalifa Niasse :

« *La différence entre Me Wade et moi est que quand on vient chez moi, on trouve un mouton et quand on se rend chez lui on trouve un chien* ».
« *Je suis allergique à Wade* ».
« *Il y a deux choses que je déteste dans la vie : la soupe kandia et Abdoulaye Wade* ».

Mais tenez-vous bien, après l'élection de Me Abdoulaye Wade au pouvoir, celui qui fut allergique à l'ancien opposant est pourtant devenu son homme de confiance au point de mériter le poste de ministre conseiller.

Ousmane Ngom

« Wade *parle comme un démocrate et agit comme un monarque* ».

On se souvient de sa brouille avec Me Wade au point de demander à ce dernier d'aller jurer sur le Saint Coran à la mosquée de Mermoz. Mais ironie du sort, Ousmane Ngom est devenu depuis 2000, l'un des grands défenseurs du président Wade. Le fait qu'il fut nommé ministre de l'Intérieur jusqu'après les élections de février 2007 n'était pas une simple banalité de choix et encore moins, pas pour des raisons de compétences pour cet ancien avocat.

Baila Wane

« *S'il ne restait qu'à élire Wade ou une chèvre, je choisirai la chèvre* ».
Que cet individu nous dise alors ce qu'il fait aujourd'hui auprès du président Wade !

Daouda Faye

Le 19 mars 2000 après la proclamation des résultats, il disait : « *c'est inacceptable de laisser le peuple être dirigé par un bandit* ».

Eh oui, pourtant, monsieur Faye fut finalement ministre des Sports sous le régime de celui qu'il qualifia de bandit. N'est-il donc pas bandit lui aussi puisqu'ayant accepté de faire partie de la bande ?

Cheikh Tidiane Sy

Au lendemain du 19 mars 2000, il déclarait dans les ondes d'une presse privée que « *le Sénégal n'a pas de président mais un Premier ministre* ».

Cet homme-là est devenu pourtant l'une des rares confiances du Président. Tour à tour, il est devenu ministre de la justice, puis ministre de l'Intérieur, ministre des Affaires étrangères, etc.

Aïda Mbodj

« *Me Wade ressemble à Fantômas. Vous perdez votre temps ! Avec sa bouche édentée, votre candidat (s'adressant aux militants du PDS) ne sera jamais président de la république* ».

Hélas ! Non seulement Wade deviendra président 7 ans après, mais le comble de l'ironie, c'est que cette dame deviendra l'une des grandes dames de ce parti démocratique sénégalais et deviendra même ministre de la république et aujourd'hui grand défenseur du président Wade à qui elle doit son statut social.

Mbaye Jacques Diop

« *Wade est un criminel* »

Qui ne se souvient pas des manipulations théâtrales ayant conduit à l'incendie du domicile de cet ancien maire de Rufisque et ce, juste pour trouver le prétexte de condamner l'opposant en passe de gagner les élections en

2000 ? M Diop deviendra pourtant le troisième homme de l'Etat en étant nommé par le « même criminel » à la tête du Conseil de la république pour les affaires économiques et sociales (CRAES).

Djibo Leity Ka

Cinq jours avant le scrutin du second tour de la présidentielle de 2000 qui a porté Wade aux commandes du « bateau Sénégal », M Ka déclarait, à la sortie de son audience avec le président sortant Abdou Diouf : « *je demande aux militants et sympathisants du Renouveau Démocratique, aux électeurs et aux électrices qui m'ont accordé leur confiance le 27 février 2000, de porter leurs suffrages sur le candidat Abdou Diouf le 19 mars 2000, pour que nous apportions la preuve que le renouveau est la clé du changement dans notre pays* ».

Et pourtant, peu de temps après, le même M Ka deviendra ministre de la république. Mieux, il sera l'un des grands hommes de confiance du président Wade. L'on se souvient d'ailleurs des obsèques de l'épouse du fils du chef de l'Etat, Karim Wade, à l'occasion desquelles le président Wade citera M Ka comme un modèle de démocrate et de valeur sûre pour la cohésion de la république.

Iba Der Thiam

Propos tenus avant l'alternance : « *Le mouvement « abdo nu doy » ne peut soutenir un candidat qui invite les citoyens de son pays à organiser des prières contre le gouvernement qu'ils ont démocratiquement investi de leur confiance et s'insurge après contre la prise de position des chefs religieux sénégalais en faveur du candidat Abdou Diouf lorsqu'il se confie à des observateurs étrangers. Le mouvement « Abdo nu doy » ne peut pas soutenir un candidat dont l'avis sur les institutions de la république* *varie d'un jour à l'autre. Le mouvement « Abdo nu doy » ne peut voter pour un candidat à la magistrature qui se réclame s'intéresser au sort de son peuple alors qu'il détient le record olympique de l'absentéisme au Parlement où il continue pourtant de toucher ses indemnités. Le mouvement « Abdo nu doy » ne peut voter pour un candidat à la magistrature suprême qui, après avoir abandonné le Sénégal à ses difficultés pendant neuf mois consacrés à gagner de l'argent à l'étranger, surgit un certain jour comme un diable de sa boîte et déclare (...) obtenir les solutions miraculeuses de tous les maux dont souffrait notre pays. Un candidat qui passe tout son temps à l'étranger à dénigrer son pays, son peuple, ses institutions, ses leaders, ses forces de l'ordre (...) »*

...et après l'alternance : « *Le Sénégal n'est pas un pays de débiles. Ce que l'on demande à une personne aspirant à présider aux destinées d'un pays, comme le Sénégal, c'est de disposer d'une compétence scientifique et technique avérée : c'est d'avoir une claire compréhension de véritables enjeux du monde actuel ; c'est de savoir scruter l'horizon immédiat et lointain et d'anticiper les événements, pour leur opposer l'alternative la plus appropriée. C'est de proposer aux différents segments de la société, des perspectives de développement capables de modifier qualitativement leurs conditions d'existence, tout en leur ouvrant les portes d'un avenir de lumière, de paix, d'espoir et de progrès économique et social continu. C'est de donner à chaque Sénégalaise, à chaque Sénégalais, la fierté d'être un enfant de ce pays, parce qu'il bénéficie dans la sous-région, en Afrique et dans le monde, d'une aura, d'une crédibilité, d'une image et d'une respectabilité universellement reconnues. C'est de disposer d'un bilan clair, net, précis, substantiel, palpable et concret, dont chaque région du pays, chaque département, chaque communauté porte la marque visible. C'est d'être un* *humaniste, un philanthrope animé d'une grande ambition et d'une vision lucide et pertinente pour son pays, pour l'Afrique, pour l'homme en général et l'homme noir en particulier, un défenseur des faibles et des déshérités, des pauvres et des laissés pour compte. C'est d'afficher et de pratiquer un attachement viscéral à l'ouverture, à la justice, à la solidarité, à la paix, à la tolérance, à la démocratie et au respect mutuel, sans préjugés d'aucune sorte. Or, sur chacun de ces points, Maître Wade est, sans conteste au-dessus du lot. Aucun rival ne lui arrive à la cheville. Alors, pourquoi ne briguerait-il pas un deuxième mandat, que le peuple de l'Alternance réclame pour lui, avec constance et détermination, avec une ferveur et un panache, dont notre Télévision porte témoignage, quotidiennement. Pour piloter des âmes, il faut faire appel à des mains expertes. La sagesse africaine ne nous enseigne-t-elle pas que : « Am Reew Ken Du Ko Dink Xaale. Am Reew maga Koy Yor ». L'histoire du Cayor et la métaphore du Boundou du jeune Roi Daou Demba en sont l'illustration éclatante ».*

Hé oui, le professeur jadis qualifié de député du peuple s'est tout simplement transformé en griot du palais. Il est aujourd'hui la plume qui s'occupe des contre-attaques pour laver l'affront ou défendre l'image du président. Le « député du peuple » s'est tu mais ne s'est pas éteint, il a tout simplement changé de « spécialité » : il est maintenant griot !

Abdoulaye Wade, actuel président de la République

Les déclarations du président Wade sont nombreuses ; en même temps, elles sont contradictoires. Ce qui justifie en effet, la complexité du personnage comme le soulignent certains philosophes sénégalais. Nous ne citerons ici que quelques unes de ses innombrables déclarations.

En tant qu'opposant (dans le Sopi n° 129): « *On nous tue mais on ne nous humilie pas. A la force nous répondrons par la force. Je parle en mon nom et en celui de mon parti. Malheureusement mes adversaires ne me lisent pas. J'ai dit en 1974 que tant que le gouvernement respectera la loi, je respecterai le gouvernement. Mais le jour où il bafouera la loi, j'irai jusqu'à la création d'une armée de libération nationale* ».

En tant qu'opposant : « *Vous voulez marcher, alors allez- y* ». (16 février 1994)
On se souvient de cette marche qui avait dégénéré et provoqué la mort d'une dizaine de policiers

En tant qu'opposant : « *Je convie tous les Sénégalais à une résistance populaire* » Sopi n° 58

En tant qu'opposant (février 1989): « *J'invite toutes les Sénégalaises et tous les Sénégalais, travailleurs, paysans, ouvriers, étudiants, élèves, fonctionnaires, commerçants, tous sans exception, à marquer l'événement en organisant de vastes manifestations populaires*».

En tant qu'opposant (29 avril 1993 à Diourbel): « *Le Conseil constitutionnel n'est pas crédible et n'a pas à interpréter l'élection. L'élection c'est l'affaire des populations. Abdou Diouf étant candidat, n'avait pas à nommer le Président du Conseil qui se trouve être son homme. Son vice-président (Maître Babacar Seye) est un membre du parti socialiste, c'est connu de tous. Ce qui est une véritable entorse à la Justice. Mais pour les élections législatives prochaines, la décision de cette institution ne sera pas reconnue. Je ne constaterai que la volonté populaire. Nous siégerons et au besoin, nous érigerons une Assemblée nationale parallèle. (…)* ».

En tant qu'opposant : « *Je vais mettre sur pied un Gouvernement d'union nationale de transition.*»

En tant qu'opposant : « *Abdou Diouf a fabriqué ses résultats, moi aussi je fabrique mes résultats. Il défend ses résultats, je défends mes résultats, c'est la rue qui tranchera...* »

En tant qu'opposant (Sud Quotidien du 26 octobre 1999) : pourtant lauréat du prix Houphouët Boigny pour la paix.
« *Abdou Diouf est partisan, et il l'a toujours reconnu. N'est-ce pas lui qui a dit : « je ne vais pas scier la branche sur laquelle je suis assis ». Et il a toujours mis son pouvoir au service de son parti... Il est comme un capitaine d'équipe qui prétendrait être arbitre* ».

En tant que Président de la république : « *S'il y a des gens qui ne veulent pas que je sois président de la république et chef de parti, ils perdent leur temps... Je ne vais pas scier la branche sur laquelle je suis assis.* ». (Le Quotidien du 17 mars 2004)

Quel opposant ou commun des Sénégalais ose aujourd'hui faire de telles déclarations ou tenir de tels propos sans croupir en prison pour offense au chef de l'Etat ou délit d'atteinte à la sécurité publique ?

III. Et maintenant parlons-en

Mais quel cinéma, diront sans doute certains lecteurs en lisant les lignes ci-dessus. Les politiques vont-ils enfin arrêter de prendre les gens pour des incapables de voir clair ? Ne vont-ils pas arrêter de rétrograder la politique qui a fini par perdre son sens dans la vie publique ?

Comment construire un pays sans regarder la réalité en face ? Comment accepter que de tels mensonges restent encore injustifiés dans la vie publique ? Comment imaginer que de telles pratiques politiques ne soient sans conséquences sur les esprits des générations futures ? Ne nourrit-on pas la culture du clientélisme politique et donc de la corruption dans la gestion de la Cité ? On entretient, au nom de la démocratie, la corruption pour justifier son usage. Mais non, on ne peut pas « *continuer à enseigner aux enfants de la république que la fin justifie les moyens, que la politique est une affaire de menteurs, de roublards, quand ces derniers n'y ajoutent pas de la bouffonnerie. Cela est inadmissible quelle que soit la raison que l'on puisse évoquer* »[43]. Taire cette vérité, c'est accepter l'instrumentalisation du devoir citoyen à des fins politiquement incorrectes. Laisser les hommes politiques faire ce qu'ils veulent et être leurs propres et seuls juges, c'est leur laisser disposer comme bon leur semble des intérêts de la nation. C'est enfin renoncer à ce qui, dans la société sénégalaise, relève de la responsabilité de tous, politiques ou non, hommes et femmes, adultes et enfants. Il y a une urgence à déminer le paysage politique sénégalais pour le nettoyer des pratiques impures et malsaines qui souillent la république et compromettent le processus de démocratisation qui faisait de ce beau pays, l'un des plus enviés de l'Afrique noire. En observant et en écoutant ces anciens pourfendeurs de Me Wade devenus de véritables acolytes du même personnage, d'aucuns nous diront que le ridicule ne tue plus. Mais nous disons simplement que c'est le sentiment de honte qui disparaît de plus en plus dans la société. Autrefois, on aimait souvent dire à toute personne qui a fait quelque chose d'inconvenant – même à un enfant -, « tu n'as pas

---

[43] Souleymane Jules Diop, chronique sur seneweb.com, 2007.

honte ? »[44]. Mais aujourd'hui, on entend de moins en moins cette expression parce que rien ne doit plus justifier cette honte. Pourquoi avoir honte de son propre intérêt ? Tant qu'on y trouve son compte, on n'a pas besoin de s'occuper de la morale. Voilà le vrai problème dans ce paysage politique qui fout la honte au peuple sénégalais et n'honore plus l'image de cette république tant respectée en Afrique et sur le plan international. Des gens qui ne s'occupent que de leurs intérêts personnels et sont prêts à mettre à nu leur dignité sont aujourd'hui plus nombreux dans ce fameux landerneau politique. Or le vrai éducateur est seulement celui qui a de la morale et c'est seulement cette autorité morale qui suscite respect. Comment des gens comme bon nombre de ceux qu'on voit aujourd'hui dans cet échiquier politique, peuvent-ils enseigner ou léguer aux enfants une morale basée sur l'autorité ou en un mot sur l'éducation civique ? Aussi, pour se faire un nom ou se lancer à la quête de son avenir politique, n'importe qui aujourd'hui peut créer un parti politique au Sénégal en ce sens que sur le plan idéologique et de la morale politique et républicaine, un parti politique ne vaut plus rien dans la mesure où il n'est plus une école d'éducation civique. C'est à juste raison ce vide d'autorité morale au sein du paysage politique qui est l'une des principales sources du malaise de notre système politique et, au demeurant, de notre démocratie en question. Il faut donc faire triompher la vertu civile pour mettre un frein aux citoyens vicieux et arrogants car il est bien temps que l'on sache qu'une république est après tout une forme de modèle moral capable de soutenir l'engagement civil (citoyen) et de constituer un point de référence pour l'action politique. Et comme le soutien le politologue

---

[44] « *Doo rouss ?* » : expression Wolof très souvent employée pour interpeler la moralité d'un individu. Signifie littéralement « tu n'as pas honte ? ».

italien Maurice Viroli dans *Dialogue autour de la république* « *la vertu civile n'est pas la volonté de s'immoler pour la patrie. Il s'agit d'une vertu civile pour des hommes et des femmes qui désirent vivre avec dignité dans une communauté donnée pour servir la liberté commune : ils exercent leur profession avec conscience, sans en tirer d'avantages illicites ni profiter du besoin ou de la faiblesse des autres ; ils vivent la vie familiale sur la base du respect réciproque, de manière à ce que leur maison ressemble plus à une petite république qu'à une monarchie ou à un agrégat d'étrangers tenus ensemble par l'intérêt ou la télévision ; ils sont capables de se mobiliser pour empêcher qu'on approuve une loi injuste ou pour pousser ceux qui gouvernent à affronter les problèmes dans l'intérêt commun ; (…) ; ils désirent connaître et discuter l'histoire de la république et réfléchir sur la mémoire historique* ». Nous devons nous mettre en tête que la république n'est pas chose banale. Elle est une forme idéale d'Etat basée sur la vertu des citoyens et sur l'amour de la patrie. Et comme la définissait d'ailleurs Cicéron, « elle est une chose qui appartient au peuple et un peuple n'est pas une multitude quelconque d'hommes réunis, mais plutôt une société organisée qui a pour fondement l'observance de la justice et la communauté d'intérêts ». La république ne saurait donc être un terrain de jeu d'intérêts où chacun tire sur la ficelle.

Il n'y a qu'une seule voie pour parvenir à relever les multiples défis qui nous permettront d'être présents aux grands rendez-vous démocratiques : le travail et l'intelligence au service de la vérité. Cette vérité-là doit être une exigence nationale et pour cela, il faut d'abord la volonté de l'Etat de permettre la construction d'une société dans laquelle les conflits puissent s'exprimer, se résoudre à travers le débat, la confrontation mais aussi la négociation. Ce qui implique donc l'intégration et la participation des citoyens, quels qu'ils soient, aux décisions qui les concernent. C'est cela la vraie démocratie et ce n'est que par cette voie que se consolidera l'état de la bonne gouvernance. Comme on prétend l'interpréter dans l'imaginaire collectif sénégalais, du moins au sein de la classe dirigeante, la démocratie ne saurait se résumer à l'enregistrement passif des citoyens mais c'est aussi une construction fondée sur le débat et la confrontation des points de vue. C'est cette émergence de la participation citoyenne qui constitue en effet un réel engouement de chaque citoyen pour l'engagement d'une action collective. Bien plus, l'autre ressort inédit de cette démocratie participative demeure l'émergence du sentiment d'appartenance à la communauté nationale. L'exemple des Etats-Unis d'Amérique en est une parfaite illustration.

Chapitre V

Etat des lieux sur le fonctionnement des contre-pouvoirs

I. Une presse publique aux ordres

Une fois encore, il ne s'agit pas d'assimiler le pouvoir de Me Wade à une vulgaire dictature privée de toute liberté d'expression. Toutefois, il suffit de regarder la chaîne publique, d'écouter ce que disent ses journalistes, pour se rendre compte que le populisme du président Wade sur le quatrième pouvoir constitue un précédent. La RTS nous exhibe très régulièrement les « petites » réalisations du pouvoir, notamment les chantiers de l'ANOCI, l'aéroport Blaise Diagne et l'autoroute à péage. Sur la chaîne publique, les Sénégalais ont ainsi droit à une sorte de documentaire sur ces réalisations. Et le pouvoir, en le faisant, pense jouer de la transparence! Eh bien non, nous appelons plutôt cela de la propagande. Et de la sous-information. Nous pensons qu'eu égard à son statut de média public, la RTS devait plutôt être le support privilégié des grands débats d'idées pour véhiculer analyses et commentaires qui portent sur le fond des problèmes de la société. C'est en effet le seul moyen d'inculquer le jugement national et le sens de la réflexion du citoyen lambda non averti; ce qui exige sa distinction par son indépendance, sa liberté et sa diversité pour contribuer à la vigueur du débat public. Or quel débat peut-on juger utile à la RTS et se rapportant à la vie des Sénégalais et aux choix des politiques publiques ? Pas de débats contradictoires sur la situation politique nationale sinon que des pseudo-émissions consistant à tresser les lauriers du clairvoyant président. Nous disons heureusement qu'il y a la presse privée et en l'occurrence les chaînes privées de télévision Walf TV et 2STV qui sauvent du naufrage. Au moins, on peut reconnaitre à ces médias privés le mérite d'alimenter des débats sur l'actualité nationale. Et pourtant, ces chaînes avaient bien d'autres chats à fouetter pour rentabiliser leurs caisses dont dépend leur survie. Dans les grandes démocraties, ce sont les chaînes publiques qui alimentent les débats sur la vie publique. Mais dans le cas du Sénégal, la RTS est malheureusement un outil de propagande et de promotion du messianisme « wadien ». C'est complètement indigne d'une république respectueuse des principes d'égalité et d'équité. Une télévision publique n'est pas la télévision du pouvoir. Pour promouvoir son populisme, le président Wade n'avait qu'à créer sa propre télévision. Le droit sénégalais ne l'interdit pas. Même dans certaines démocraties occidentales, les mêmes scénarios se présentent : il suffit de jeter un regard du côté du pays de Mussolini où Berlusconi est un parfait exemple de dirigeant populiste. Mais il joue son cinéma avec ses propres organes de presse. Toutefois, le silence naïf du peuple sénégalais face à de tels agissements du pouvoir, est nettement la preuve d'un manque de solidarité dans la préservation du bien public. Le président Wade n'abuse pas seulement de la télévision nationale. C'est un permanent coup-d'Etat institutionnel qu'il monte à chacun de ses actes. Voyons simplement le cas de la compagnie des transports en commun : le Dakar Dem Dik ! Tous les bus sont peints en bleu/jaune, les couleurs du PDS, hélas comme si c'était un patrimoine privé. La confusion est grossière : confondre le bien de l'Etat avec celui du parti au pouvoir. Il ne faut donc pas trop se prendre la tête en continuant de croire que le Sénégal est le nombril de la démocratie en Afrique. La démocratie n'est pas un concept et encore moins un slogan. Il nous faut juste un peu d'humilité et avec le recul on se rendra nettement compte que le chantier démocratique sénégalais est très épineux à plusieurs égards. Notre erreur de jugement est que depuis le 19 mars 2000, nous réduisons la démocratie à une simple démocratie électorale et de plus, l'on croit que la liberté de presse, c'est juste dire n'importe quoi au nom de cette démocratie et de cette prétendue liberté d'expression : c'est la preuve d'un incivisme patriotique.

Force est de reconnaitre sur l'immobilisme du peuple (dans le domaine politique) s'expliquerait aussi par le sentiment de fatalité pour certains et l'hypocrisie pour d'autres. Ces deux faits diffèrent mais s'enchainent en même temps. Fatalité oui, car nous l'évoquions déjà, le citoyen lambda aime tout remettre au Seigneur. « *Laissons-le. Dieu est grand. Il a beau faire ce qu'il veut, il finira un jour par partir. Un tel était aussi si puissant qu'il se croyait tout permis et pourtant, la maladie et la mort l'ont emporté quand Dieu en a décidé.* » Et donc, il est inutile de secouer les dictateurs, quoi qu'il arrive, ils ne sont pas immortels et ils finiront par partir. Mais c'est justement cela la passivité naïve ! Et cette naïveté est malheureusement l'une des grandes maladies du continent noir. On a vu en 1984, après la mort du président Seckou Touré, la communauté Guinéenne au Sénégal célébrer sa mort comme si le pays venait de prendre son indépendance. Il fallut l'intervention des forces de l'ordre pour arrêter cette barbarie. Le cas de Mobutu était pareil. Et le plus récent était celui du défunt président gabonais Omar Bongo. Dès l'annonce de sa maladie, beaucoup de Gabonais jubilaient et avaient hâte qu'on leur annonçât la mort du « tyran ». Nous appelons tout simplement cette attitude des citoyens : de la lâcheté ! L'autre aspect et qui est le plus grave, est l'hypocrisie bien entendu sur fond de corruption. L'argent a beaucoup de sens dans notre société actuelle et lorsqu'on a son pain bien beurré ou son plat bien saucé, on n'a plus à penser aux autres, au risque de perdre ce privilège. Et alors, le sentiment de solidarité nationale ne disparaît-il pas dans ce cas ?

Une anecdote fort amusante mais tout de même hallucinante : un père de famille polygame dans un village du sud du Sénégal avait divorcé avec sa seconde épouse entre les deux tours de la présidentielle de 2000. La troisième épouse de cet homme est une proche du leader d'AJ/PADS Landing Savané. A cet effet, à chaque élection, le mari polygame octroyait une dérogation à cette dernière de voter pour son proche. Pour les deux autres épouses, l'obligation est faite de voter pour le candidat de choix du mari et ce, sans doute pour des raisons d'intérêt matériel car on ne doute pas que les élections sont marchandées. A l'issue donc du premier tour de cette élection, le mari découvrit, par rumeur, que sa seconde épouse, sans doute influencée par les élèves du village qui faisaient des campagnes de sensibilisation en faveur de la coalition *Sopi* d'Abdoulaye Wade, n'avait donc pas voté pour le candidat de la famille en l'occurrence Abdou Diouf. En guise de sanction, le pauvre mari décida purement et simplement de la répudier car la pauvre n'a pas su respecter sa volonté. Elle qui sait que la famille reçoit des cadres socialistes du département, un sac de riz et quelques petits billets de francs CFA et ce, à chaque échéance électorale. Mais par ironie du sort, le candidat Wade ayant gagné les élections au second tour, le même mari réunit à nouveau les membres de la famille pour imposer un nouveau mot d'ordre : *Dieu dans son Saint Coran, dit qu'il ne faut jamais s'opposer à un chef. Hier c'était Abdou Diouf et aujourd'hui Dieu a voulu que ce soit Abdoulaye Wade, donc à partir d'aujourd'hui, tout le monde doit se ranger derrière Wade.* Cette anecdote est donc digne d'un conte de fée mais si nous avons voulu illustrer cet exemple c'est en effet pour prouver que le matérialisme a pris le dessus sur la conscience citoyenne et que le vote est fonction de l'intérêt matériel ou affectif. Comment donc faire vivre une vraie démocratie si au départ, le choix des leaders ne repose pas sur des convictions politiques et surtout sur la base de la cohérence de leurs offres programmatiques ? Nous sommes tentés donc de croire que la démocratie qui tient dans ce pays de la *Teranga*, c'est la démocratie « alimentaire ». Et d'ailleurs on l'a vu, le peuple ne se soulève que lorsqu'on touche à son pain. Il se comporte comme un syndicat. Mais simplement un syndicat électoral.

II. L'élite intellectuelle en question dans la consolidation de la démocratie sénégalaise

Emile Boutimy, un des grands penseurs politiques français du 19ème siècle et fondateur de l'Ecole Libre des sciences politiques, considérait déjà depuis 1879 que « *l'empire de l'esprit et le gouvernement par les meilleurs, sont essentiels à la survie d'une société progressiste* ». Il estime nécessaire de tirer les conséquences des transformations sociales : « *contraintes de subir le droit du plus nombreux, les classes qui se nomment elles-mêmes les classes les plus élevées ne peuvent conserver leur hégémonie politique qu'en invoquant le droit du plus capable. Il faut que, derrière l'enceinte croulante de leurs prérogatives et de leur tradition, le flot de la démocratie se heurte à un second rempart fait de mérites éclatants et utiles, de supériorités dont le privilège s'impose, de capacités dont on ne puisse pas se priver sans folie* ». Dans la même conception philosophique, Gambetta lui, estime que « *c'est aux hommes avisés et plus éclairés qui ont la passion et le souci des choses et des actes des hommes publics qu'il revient dans une certaine mesure, librement, sans pression, de se faire les instituteurs, les éducateurs, les guides de leurs frères moins avancés du suffrage universel, de ceux qui ont moins de loisirs et de lumières* ».[45] Notre contribution ici consiste donc à rendre compte des caractéristiques de l'élite sénégalaise en particulier et africaine de manière générale sur le plan sociopolitique ou dans la vie publique tout court. Le constat aujourd'hui est qu'en dépit de toutes ses compétences dans toutes les sphères d'expertise, l'élite sénégalaise est particulièrement quasi absente dans les vrais débats publics. Elle est même dormante dira l'autre. Le regret pour beaucoup, c'est que chacun se consacre naturellement à sa vie professionnelle tout en laissant exclusivement le débat public aux hommes politiques. Les rares intellectuels qui écrivent sont souvent (hormis quelques exceptions) ceux qui militent dans des partis politiques et qui ne prennent leurs plumes que pour défendre leurs leaders ou les intérêts de leurs partis et encore que dans un tel contexte, la réalité c'est qu'ils ne produisent que des louanges par la soumission contreproductive et ce, sans doute en contrepartie d'une promotion. Aujourd'hui, les partis politiques parrainent leurs cadres le plus souvent puisés dans la société civile ou les partis rivaux. D'ailleurs, tel est le jeu favori du PDS depuis son arrivée au pouvoir : recruter de beaux parleurs qui n'auront d'autres occupations que de défendre le parti et le président Abdoulaye Wade et de répondre à toutes les attaques et critiques visant le gouvernement. Certains leaders de partis politiques qui ont rejoint la mouvance présidentielle n'ont pour seul mérite que de remplir cette mission. Dans le gouvernement depuis 2000, 9 Sénégalais sur 10 sont incapables de dire exactement quelles fonctions certains collaborateurs du président Wade exercent au sein de l'appareil d'Etat. Sinon qu'on ne les entend que lorsque le président fait l'objet d'une critique ou on ne les voit que

---

[45] Lire Roger Bautier et Elisabeth Cazenave, in *Les fonctions de l'élite et fonction de la presse en France au début de la 3ème République*, LABSIC, Université Paris 13.

lorsqu'il voyage ou fait une tournée à l'intérieur du pays, ceux-ci forment alors son cortège. En vérité, lesdits cadres toujours soucieux de monter socialement ou simplement de gagner leur pain, agissent sur le conseil du parrain. Du jour au lendemain, ils se trouvent propulsés à un poste de responsabilité et leur région ou localité natale remerciera alors le bien généreux président Wade pour la nomination d'un des leurs. Voilà en vérité le jeu qui se joue dans le paysage politique sénégalais depuis 2000, lequel jeu oblige l'opposition à jouer le jeu de caution démocratique. Or comme le soulignait d'ailleurs Izoulet dans son ouvrage *Le suicide des démocraties* (1895), « *il n'y a de salut pour la démocratie que dans et par l'Aristie*[46] ». Certes, d'aucuns nous diront que l'action de l'élite dans la vie publique nécessite la détermination de conditions optimales pour qu'elle puisse être formée et puisse agir. Mais en tout état de cause, disons-le clairement, ce préalable n'est sans doute pas une condition sine qua non dans le dévouement d'un intellectuel : il faut simplement un engagement et du courage.

D'ailleurs, regrettant la faible implication de l'élite africaine dans l'évolution politique du continent, le président Wade affirmait sans détour, à l'ouverture du symposium de Dakar que « *pour jouer véritablement leur rôle, les intellectuels africains devront répondre à deux exigences : être réalistes et s'armer de courage* »[47]. Reste à savoir sous quelle forme et dans quelle mesure doit s'opérer cet engagement de l'élite intellectuelle.

Bien qu'étant des citoyens comme tout le monde et donc ayant le strict droit de participer à la vie publique, nous soutenons toutefois la thèse d'Emile Durkheim (1904) selon laquelle « *les intellectuels : hommes de pensée et*

---

[46] Certains démocrates utilisent le mot aristocratie ou le mot élite de manière positive.
[47] APS du 15 juillet 2009.

d'imagination, ils ne sont particulièrement pas prédestinés à la carrière proprement politique ; car celle-ci demande, avant tout des qualités d'hommes d'action ». Selon Durkheim en effet, *« même ceux dont c'est le métier de méditer sur les sociétés ne paraissent pas très aptes à ces fonctions actives. On peut avoir le génie qui fait découvrir les lois générales par lesquelles s'expliquent les faits sociaux dans le passé sans posséder pour cela le sens pratique qui fait deviner les mesures que réclame l'état d'un peuple donné, à un moment déterminé de son histoire. Sans doute, il est bon que les intellectuels soient représentés dans les assemblées délibérantes ; outre que leur culture leur permet d'apporter dans les délibérations des éléments d'information qui ne sont plus qualifiés pour défendre auprès des pouvoirs publics, les intérêts de l'art et de la science ».* Toutefois, pour s'acquitter de cette tâche décrite par Durkheim, il n'est pourtant pas nécessaire que les intellectuels soient nombreux dans le parlement. D'ailleurs, on peut se demander si – sauf dans quelques cas exceptionnels de génies éminemment doués – il est possible de devenir député ou sénateur, sans cesser dans la même mesure, de rester écrivain ou savant tant ces deux sortes de fonctions impliquent une orientation différente de l'esprit et de la volonté. Rejoignant alors la position de Gambetta sur la même question, Durkheim est d'avis que *« les intellectuels doivent être avant tout des conseillers et des éducateurs »* comme nous l'évoquions plus haut. *« Ils sont faits pour aider les contemporains à se renaître dans leurs idées et dans leurs sentiments beaucoup plutôt que pour les gouverner ».*
Certes, avec le cas spécifique du Sénégal où le taux d'analphabétisme chez les adultes dépasse les 50% (et encore beaucoup plus dans certains pays d'Afrique), on voit clairement que ce devoir de l'intellectuel s'avère être un exercice difficile car la foule n'est pas forcément faite pour comprendre cette élite intellectuelle. Pour preuve, on

prête à certains intellectuels engagés à l'image d'Abdou Latif Coulibaly, Mody Niang pour ne citer que ceux-là, des arrière-pensées personnelles ou l'esprit rancunier à l'égard du pouvoir. Même si c'est le pouvoir qui nourrit cette approche dans l'esprit du citoyen lambda, force est quand même de reconnaître que cette majorité de la population reste encore incapable de s'apercevoir du devoir patriotique qu'accomplissent ces honnêtes citoyens pour l'intérêt et l'avenir de la nation sénégalaise.

Par contre, ce qui montre aussi que l'hypothèse reposant sur le décalage entre le peuple et son élite est parfois dénuée de fondement, c'est en effet l'expérience de 2000 dans le cas précis du Sénégal. Il faut reconnaître que l'implication de l'élite intellectuelle et de la presse dans le jeu démocratique en 2000 a été un atout déterminant pour la réalisation de la première alternance politique du pays. Très proches des populations dans leurs rôles d'éducateurs, d'informateurs et de veille démocratique, l'élite et la presse ont su agiter la morale du peuple pour lui permettre de reprendre son destin en main le 19 mars 2000. Seulement, l'on constate que la démission de cette élite, ajoutée à celle de l'opposition, n'a pas permis la pérennisation de cette agitation morale. Seule une partie de la presse privée qui a su résister aux menaces, aux intimidations et sans doute aux tentatives de corruption de la part de certains lobbies politiques dont le pouvoir en question, continue tant bien que mal de perpétuer les énergies sociales par ses prises de position parfois très tranchées et même risquées au point de souvent buter sur le droit public et la raison d'Etat. Notre conviction est qu'aujourd'hui, face au « bouillonnement » du paysage politique sénégalais, l'élite se doit de mener en profondeur et sans parti-pris, une réflexion orientée nettement vers l'évaluation du bilan de l'établissement de la république depuis les indépendances et vers la détermination d'une démocratie qui doit sortir des sentiers battus des discours politiciens. Le silence ou la démission coupable de l'élite conduit sans aucun doute à une anarchie de l'Etat. Anarchie ! C'est bien le mot qui colle dans le Sénégal post-alternance où chaque politique comme chaque citoyen tout court se croit tout permis.

La manipulation de la démocratie par le pouvoir en place, responsable de cette anarchie sans doute dans la société a principalement deux conséquences et non les moindres :
- une perte d'autorité de l'Etat non à cause des autres contre-pouvoirs légitimes censés nourrir les débats publics mais simplement à cause de l'émergence de cette nouvelle citoyenneté clientéliste ;
- la seconde conséquence qui vient se greffer à la première, est en effet la fragilité de la souveraineté nationale qui se traduit par le fait que, comme le soutient si bien Benoist[48], « *l'individu ayant été exalté en même temps que coupé de toutes ses valeurs traditionnelles, on se retrouve avec tant d'égoïsmes qui vont semer tant de germes d'anarchie* ». Et nous osons donc croire que c'est bien cela le cliché réel du Sénégal d'aujourd'hui où le clientélisme a entraîné la dictature de l'argent.

D'aucuns taxent le pouvoir d'Abdoulaye Wade de monarchique. Nous ne sommes pas tout à fait d'accord et d'ailleurs nous pensons, contrairement à cela, que c'est parce que le pays connaît aujourd'hui une réelle pénurie d'idées novatrices et prospectives. Certes, nous diront encore certains, cette carence se nourrit du manque d'espaces de débats contradictoires sur la vie publique à cause de la super présidentialisation de Me Abdoulaye Wade (qui se manifeste par son satisfécit se conformant à la méthode Coué et à la pensée unique) mais qu'on se le

---

[48] Alain de Benoist de Gentissard est philosophe et politologue français principal représentant du mouvement dit de la « Nouvelle Droite » à la fin des années 1970. Il est natif de Saint-Symphorien (Indre-et-Loire), commune aujourd'hui rattachée à Tours.

dise, les intellectuels sénégalais et l'opposition y compris, n'ont pas su créer des forces de propositions pour alimenter le débat public comme le fait tant bien que mal la presse privée malgré quelques failles professionnelles que nous évoquerons plus tard.

Que faire alors devant l'inaction de cette élite intellectuelle pour empêcher l'emprise des professionnels politiques beaucoup plus préoccupés par leurs gains personnels et peu soucieux de se comporter en exemples pour les générations futures ? Que faire de l'emprise de certaines doctrines religieuses exploitant la faiblesse spirituelle et les carences cartésiennes de millions de disciples ? A chacun de juger et d'assumer ses responsabilités face à l'histoire. Le moins que l'on puisse en tout cas dire c'est que là où l'élite du pays ne prend pas ses responsabilités pour instaurer un débat ouvert et de qualité, il ne faudrait en aucun cas s'étonner de l'affaissement de la citoyenneté consciente de la responsabilité, de la valeur du travail, du devoir civique, etc., mais aussi du rôle de l'Etat et de sa « redevabilité ». Il faut donc dire non. Non à la médiocrité rampante d'une frange entière de la classe politique. Et enfin non à la résignation des gouvernés et en l'occurrence le peuple d'en bas. Les intellectuels doivent sortir de leur « inactivisme » coupable pour éclairer la communauté et la servir par les idées et la réflexion. Moustapha Niasse, s'adressant d'ailleurs à l'éminent intellectuel et philosophe Souleymane Bachir Diagne, disait à ce propos que *« le monde doit changer. Le Sénégal aussi. Et c'est aux intellectuels de le faire, qu'ils soient philosophes, sociologues, scientifiques, etc. Ils doivent simplement faire preuve de pédagogie et don de leur temps, de leur énergie en plus de leurs expertises* [49] *»*. Selon Niasse, *« pour changer le Sénégal et le conduire vers la voie de progrès tant économique que social, il faut simplement des espaces*

---

[49] Lors de l'hommage à Feu Mamadou Dia à Paris, juin 2009.

de débats et de confrontation d'idées, de culture de la rationalité. Et pour cela, il faut que cette élite s'assume et assume son devoir citoyen et celui de guide pour tracer la voie de progrès d'un "Sénégal Nouveau" ».

III. Les jeux des alliances « contre-nature » : signes d'une opposition en panne de stratégie ?

Depuis 2000 avec la victoire de la première grande coalition des partis d'opposition réunis autour de la Cap 21 qui a su « renverser » le PS aux élections présidentielles, ce jeu politique ne répondait aucunement aux principes idéologiques. Aujourd'hui, les leaders des partis politiques, aussi bien de l'opposition que de la mouvance présidentielle n'ont plus aucun souci de logique idéologique. Ce qui les intéresse, c'est seulement le moyen d'atteindre leur objectif.

Si en effet le paysage politique sénégalais « bouillonne » depuis 2000, c'est qu'en réalité, le peuple ou l'électeur lambda tout simplement se perd dans les alliances qui se nouent et se dénouent au sein de l'opposition comme du camp présidentiel. N'est-il pas étonnant de voir un parti dit de gauche et même a fortiori communiste, fusionner ou, dans le même cas, faire une alliance avec la droite comme le PDS qui se réclame de surcroît, parti libéral ? Mais comme nous le disons, ce n'est pas ce qui intéresse les leaders de partis politiques beaucoup plus préoccupés par leur propre sort. Et dans cette situation, c'est après tout le peuple qui subit les mauvaises manœuvres mais en même temps aussi, il finit par comprendre que tout ce jeu d'alliance n'est que tromperie.

En outre, même si l'argument qui consistait en 2000 à dire que l'on souhaitait changer les choses et qu'il fallait s'unir pour battre le PS était convaincant, il faut en revanche reconnaître que cette alliance ne devait prévaloir qu'à la seule question des élections. Il fallait simplement s'unir autour du leader de l'opposition le mieux placé comme ce fut Me Abdoulaye Wade pour gagner les élections puis le laisser gouverner. La formation d'un gouvernement d'union nationale n'était pas à notre avis nécessaire et d'autant moins que la coalition qui avait gagné les élections, était composée de différentes sensibilités politiques. Dans ce scénario politique, le clash était aussi inévitable dans cette cohabitation initiée dans le premier gouvernement de l'alternance. Nous pensons que le premier malaise de la démocratie sénégalaise post-alternance est venu de cette cohabitation contre-nature car il faut le dire, le pays n'a pas encore cette maturité démocratique ou simplement cette culture démocratique qui puisse permettre la cohabitation de plusieurs partis politiques surtout de différentes sensibilités. Et on l'a vu, aujourd'hui, hormis des partis dont le seul souci des leaders est de continuer à gagner tranquillement leur pain et ce, en bouchant leurs oreilles pour ne rien entendre et en fermant les yeux pour ne rien voir, tous les autres ont quitté la mouvance présidentielle.

L'échec de la cohabitation entre l'ancien Premier ministre Moustapha Niasse et le président Wade était prévisible et de toute façon, deux crises étaient envisageables dans ce duo :
- soit le Premier ministre Moustapha Niasse renonçait au souci d'efficacité et se pliait à la volonté du chef qui allait faire tourner les choses à sa seule faveur et à celle de son parti ;
- soit c'était la crise de confiance entre la primature et la présidence qui conduirait au clash. Ce qui fut donc le cas.

Le système d'alliance qui s'était noué entre les différents partis politiques le lendemain du 19 mars 2000 n'était qu'une simple panne de stratégie de l'opposition qui se réfugiait derrière l'argument selon lequel elle a été l'un des grands acteurs de l'alternance. Mais la conséquence c'est que l'espace de débat politique reste vierge surtout au moment où l'élite intellectuelle se mue dans l'indifférence. Aujourd'hui, force est de reconnaître que le peuple est pris en otage et cherche désespérément un leader capable de se prononcer sur les questions essentielles. Un leader qui l'éclaire en un mot et demeure constant dans ses prises de position. La coalition *Benno Siggil Sénégal* qui regroupe une trentaine de partis politiques de l'opposition dite significative a toutes les chances de redonner la confiance au peuple sénégalais si bien sûr, elle évite de tergiverser sur les questions de positionnement des différents leaders de partis qui la composent. En outre, si Benno a pu gagner les élections législatives du 22 mars 2009 c'est qu'il y avait effectivement absence de conflits d'intérêts avant le verdict des urnes. Mais nous sommes sûrs qu'au vu de ce qui s'est passé après les élections en ce qui concerne les jeux politiciens dans le partage des sièges, cette coalition n'aurait jamais pu gagner si le mode électoral était un suffrage universel direct qui nécessite à l'avance l'identification des candidats. Le mobile de cette hypothèse c'est qu'on constate déjà une guerre annoncée des leaders de la coalition en vue des présidentielles de 2012. Pour preuve, chaque comité d'un parti X, se lève sous un beau jour pour déclarer que son candidat est le mieux présidentiable. Le compromis ne sera pas facile pour 2012 déjà que certains leaders pas très appréciables comme Tanor, se pressentent candidats de la coalition au moment où des militants de l'AFP plébiscitent leur leader Moustapha Niasse.

L'illusion du Sénégal d'aujourd'hui est que l'on croit qu'au vu de l'expérience de 2000, aucune victoire électorale ne peut être possible sans une coalition de partis. Nous n'en sommes pas très sûrs et nous pensons plutôt que telle n'est pas forcément l'exigence du peuple. Nous sommes sûrs qu'il suffit d'un leader charismatique avec des preuves de compétences à l'appui et qui se dote d'une stratégie visant son accès au pouvoir, pour avoir le peuple derrière lui.

Le vrai handicap de l'opposition c'est qu'elle se confine à exprimer des réactions, limitée qu'elle est, dans ses capacités d'anticipation et de créativité. Le messianisme ne tient plus aux yeux des Sénégalais. Ce peuple a fini par bien comprendre avec l'expérience de Wade, qu'aucun homme politique, quel qu'il soit, ne porte une auréole d'ange sur sa tête. En conséquence, il ne sert à rien de tenter un jeu de populisme. Ce que ne comprennent pas encore beaucoup de leaders politiques ou prétendants à la magistrature suprême, c'est que l'idéal n'est plus de dire aux Sénégalais que le pays va mal ou que le président Wade n'a rien fait. C'est un débat inutile car on ne peut pas donner la meilleure définition de la misère à ceux qui la vivent réellement. Ce qu'il faut, c'est comment, en collaboration avec ce peuple (étant entendu qu'il est le meilleur expert de ce qu'il vit), redresser les choses pour lui redonner l'ambition et l'espoir d'un avenir meilleur. Et pour cela, il faut, comme nous l'avons souligné plus haut, un leader charismatique qui fasse preuve de créativité et de réalisme dans son projet politique et de société.

IV. Responsabilité et responsabilisation des jeunes dans la vie publique

Nous devons pouvoir vous aider si vous en avez besoin, à avoir un esprit de "rebelles" pour continuer à pousser et à ne pas se résigner à entrer dans un moule qui n'est pas forcément le bon.
Martin Hirsch
Haut commissaire à la jeunesse
Assises de la jeunesse du CESE en 2008.

La jeunesse se caractérise par ses qualités dynamiques et ses potentialités d'idées, d'apprentissage et d'adaptation mais aussi par le côté versatile de son engagement du fait de son statut d'autant qu'on ne peut rester éternellement jeune. Ce n'est qu'une étape de la vie et bien souvent trop courte mais ô combien déterminante dans la vie de l'Homme en question. Tout ou presque se construit ou se consolide à partir de cette phase du processus de développement humain. C'est à ce niveau que l'homme est en demande de sens, en quête d'espaces et de lieux de prise de responsabilités et d'initiatives. La jeunesse est donc un enjeu d'avenir et nécessite ainsi un accompagnement par les pouvoirs publics dans ses initiatives et sa créativité pour faciliter son éducation et sa responsabilisation. Toutefois, quelle image donne-t-on aux jeunes en Afrique de manière générale et au Sénégal en particulier ? On suppose que l'attitude des pouvoirs publics vis-à-vis de la jeunesse n'est que le cliché du fonctionnement même des familles africaines. Les jeunes ne sont pas impliqués (ou peu) dans les prises de décisions même les concernant directement ou concernant leur avenir – et bon gré, malgré, ils subissent. Loin de procéder au diagnostic des maux de la jeunesse, nous voulons simplement réfléchir sur la manière d'améliorer l'implication des jeunes dans les instances consultatives et représentatives de "droit commun". En interaction avec les mutations de la société, les jeunes se construisent une identité individuelle et collective de génération qui s'exprime au travers de leur insertion au sein de la société, de leur rapport au travail, au syndicalisme, à la politique, ainsi que dans de nouvelles formes de positionnements et d'engagements sociétaux[50]. Ainsi, l'approche des valeurs,

---

[50] Pierre Bauby, Thierry Gerber, *Singulière jeunesse plurielle. Les jeunes des années 1990 et leurs mobilisations*, Publisud, 1998.

représentations, attitudes, comportements et pratiques des jeunes amène, d'une part, à esquisser et mettre en relief un ensemble de traits saillants, qui font apparaître, par delà une réelle hétérogénéité et d'importantes différences, une personnalité singulière, suffisamment typée pour être porteuse de sens ; d'autre part, à appréhender les liens interactifs entre ces traits et les mutations récentes de la société[51], tant, comme l'exprime Danièle Linhart et Malan[52], « la société dans son ensemble évolue et se reflète dans les valeurs qui comptent pour les jeunes. Il ne s'agit pas d'extraire les jeunes artificiellement d'une société en marche, ni de se limiter à l'analyse de leurs problèmes spécifiques pour comprendre ce qu'ils sont ».

Alain Vulbeau[53] explique que les discours sur la jeunesse relèvent de trois modèles. « Soit on décide qu'elle n'est pas une catégorie spécifique, soit on l'identifie comme cible en tant que telle qui peut être considérée de deux manières : comme une catégorie d'usagers en tutelle ou comme un groupe d'acteurs ». Il souligne qu'en affirmant que «la jeunesse n'est qu'un mot », Pierre Bourdieu a montré que le premier type de discours était « un leurre idéologique qui homogénéise un groupe sous un même vocable, alors qu'il masque des différences entre des jeunes de classes sociales différentes. Le terme « jeunesse » désigne aussi une ligne de partage social entre deux groupes générationnels. Le substantif « jeunesse » est une invention qui qualifie un exercice de la patience, une façon d'apprendre à attendre son tour, même s'il y a un sort social identique qui réunit les jeunes, c'est la situation de « hors-jeu social ». La jeunesse peut également n'être

---

[51] Pierre Bauby, Thierry Gerber, op.cit.
[52] *Fin de siècle, début de vie. Voyager au pays des 18-25 ans*, Syros, 1990.
[53] *La jeunesse n'est qu'une chose. Instrumentalisation de la jeunesse*, Territoires, n° 362-363, novembre-décembre 1995.

qu'un mot pour autant qu'elle apparaisse comme une chose impossible, sans épaisseur.

En effet, pour Alain Vulbeau, un deuxième type de discours fait de la jeunesse une chose. On peut l'entendre soit de façon sociologique : la jeunesse est « un fait social » qui doit s'étudier « comme une chose », selon le précepte d'Emilie Durkheim. On peut aussi, dans un sens opérationnel, dire que la jeunesse est une chose au sens où c'est un objet de gestion. Au plan scientifique, de nombreuses recherches permettent de cerner les nouvelles réalités qui affectent la jeunesse. Le moment de la jeunesse se prolonge bien au-delà de ce qu'ont pu connaître les générations antérieures. Selon lui, « *La fonction sociale de la jeunesse est moins l'imitation de la génération adulte que l'expérimentation de nouvelles normes sociales sur les plans personnel, professionnel et social. La jeunesse est marquée par des nouvelles formes de socialisation plus interactives qu'injonctives, plus intergénérationnelles aussi* ».

Les chercheurs mettent en évidence la diversité des jeunesse ». Le hors-jeu social perçu par Pierre Bourdieu est toujours de mise, même s'il s'est décalé de l'école vers un espace temps postscolaire et préprofessionnel. Sur le versant de l'action, la jeunesse n'est qu'une chose au sens ou elle est d'abord un problème à traiter et parfois un obstacle à contourner. Qu'ils soient des « Public », des populations, des usagers ou des ayants-droits, les jeunes sont les cibles de politiques publiques nationales et locales marquées par le terme global d'insertion.

Une troisième orientation des discours fait de la jeunesse un acteur social. « Il s'agit parfois d'acteurs en gestation, de protoacteurs, ou d'acteurs virtuels ». Selon Vulbeau[54], le problème n'est pas tant l'objectivisation de la jeunesse que sa réduction instrumentale. « Le hors-jeu de la

---

[54] Op.cit.

jeunesse se complexifie et s'autonomise ». C'est souvent un trou noir difficilement détectable. Loin de l'école, du travail et des réseaux normalisés de socialisation, cet espace est cependant proche du territoire et nourri par les pratiques et les civilités des jeunes.

Toutefois, il serait pour nous vain et prétentieux de prétendre tirer des conclusions objectives sur le rôle de la jeunesse sénégalaise, tant, cette jeunesse-là est plurielle. Elle ne peut donc avoir le même regard ni les mêmes comportements au sein de la société. Plusieurs figures se côtoient : nous avons, d'une part, une jeunesse élève et estudiantine et d'autre part, une jeunesse non scolarisée composée de talibés et d'analphabètes et à laquelle s'ajoute une grande partie de ces jeunes qui ont quitté très tôt l'école et qui sont donc confrontés aux difficultés de l'insertion sociale. Toutefois, en dépit de cette hétérogénéité, un dénominateur commun les rassemble dans le Sénégal d'aujourd'hui : la perte de confiance dans la capacité des institutions à assurer leur avenir, attitude qui se traduit ainsi par l'urgence d'un changement social profond pouvant même déboucher à des comportements sociaux imprévisibles. C'est ce que traduisent en effet, les multiples grèves parfois violentes des élèves et étudiants mais aussi les ripostes des marchands et autres jeunes sans emplois (comme en a attesté le cas des marchands ambulants de Sandaga et la révolte des jeunes de Kédougou).

Certes, depuis l'arrivée de Me Abdoulaye Wade au pouvoir en 2000, ce dernier surtout conscient du rôle qu'a joué la jeunesse pour son élection, le discours politique du pouvoir identifie toujours les jeunes comme des acteurs et des ressources potentielles pour l'avenir mais force est de constater que rien n'a jamais réellement changé dans les pratiques et que du discours à la réalité, il y a bien un fossé. Prenons juste l'exemple de la crise scolaire qui secoue le pays depuis plusieurs années : l'école sénégalaise a connu plusieurs états généraux sur l'éducation mais de réforme en réforme, la jeunesse n'a jamais été directement impliquée dans les débats alors que c'est son avenir qui s'y joue. Chose curieuse aussi, cette jeunesse ne se projette pas suffisamment sur son avenir pour réfléchir sur les grands enjeux qui l'interpellent. Lorsqu'il y a mouvement de grève par exemple au collège ou au lycée, c'est pour dénoncer le manque d'enseignants ou pour réclamer le matériel didactique ou encore pour soutenir les aînés de l'université qui sont en grève pour réclamer le paiement de leurs bourses ou l'attribution des logements au campus social. Rarement les étudiants et/ou les élèves s'opposent à des réformes parce que celles-ci sont jugées contreproductives pour leur avenir. Ce qui est totalement le contraire de la jeunesse occidentale et notamment pour le cas de la France où très souvent, le gouvernement recule devant la détermination des jeunes au sujet de certaines réformes ou projets de loi sur l'éducation. L'un des cas les plus récents en France est la réforme du CPE qui a connu un épilogue sans précédent quant à la détermination des lycéens et des étudiants à prendre leur destin en mains dans ce qu'ils considèrent comme un poison pour leur avenir. Il faut savoir en effet que cette jeunesse occidentale est très tôt impliquée dans la participation à la vie publique. En France par exemple, les jeunes sont souvent membres des conseils d'administration des centres régionaux ou départementaux d'information jeunesse ainsi que des commissions d'agrément des associations d'éducation populaire et de jeunesse. A ce titre, ils sont toujours sollicités pour participer, directement ou indirectement aux jurys délibératifs sur des questions essentielles qui concernent leur avenir ou leur présent. Aussi, les postes d'administrateur de l'Assemblée nationale et du Sénat sont également une voie fondamentale dans la formation et la responsabilisation du futur dirigeant. Sur recrutement par voie de concours, ce sont très souvent des jeunes diplômés d'universités et de grandes écoles qui assument ces fonctions d'assistants parlementaires ; ce qui leur permet déjà de s'imprégner des réalités de fonctionnement de l'appareil d'Etat et des institutions de la république. C'est pourquoi d'ailleurs, l'on constate que la majorité des dirigeants ou même des membres du gouvernement ne sont pas que de simples acteurs politiques ou membres de la société civile sortis de nulle part. Tout le contraire de ce qu'on voit jusqu'ici au Sénégal surtout depuis l'avènement de l'alternance avec la nomination de certains ministres qui, non seulement ne connaissent rien du tout des fonctions qu'on leur attribue et ce, pour défaut de niveau de compétences intellectuelles et professionnelles mais en plus, ils n'ont même jamais travaillé de leur vie.

En plus des centres régionaux ou départementaux par exemple, il existe aussi en France des conseils locaux de jeunes qui leur permettent de dialoguer et de participer à la construction de leur avenir. Souvent élus au suffrage universel par leurs pairs, ces jeunes sont en un mot les porte-paroles de toute une tranche d'âge auprès des décideurs locaux. N'est-ce pas déjà une démarche qui permet un meilleur apprentissage de la citoyenneté. Nous avons, maintes fois, répété que tout développement social, démocratique, économique, émane du comportement de la société certes, mais il faut également ajouter que l'organisation sociale est aussi le fil conducteur de ce comportement sociétal et de ce progrès. L'organisation sociale est à la base de tout. De tout progrès !

V. Civisme et civilité en question

Il y a des moments dans la vie où l'homme doit avoir le courage de faire face à la réalité et de se dire intérieurement : « *si ça ne va pas, c'est peut-être à cause de moi (nous)* ». Cette autocritique permet de réparer les erreurs du passé et de retrouver le chemin de la lumière. Tous les sujets de réflexion ont fait l'objet de profondes et judicieuses analyses sur la situation de l'Afrique et de son avenir et pourtant cela n'a pas empêché le continent d'être le dernier du monde en matière de développement et de toujours jouer les seconds rôles dans les grandes rencontres internationales où se discutent l'avenir du monde. Aujourd'hui, on s'active dans les préparations des festivités du cinquantième anniversaire de nos indépendances notamment en Afrique francophone. Et on connaît la suite : trop de dépenses, peu de discours constructifs ! 2010 est l'occasion pour nous de faire le bilan de ce que nous avons réellement fait de notre souveraineté en un demi-siècle. Nous n'avons pas besoin de dilapider les deniers publics dans des festivités en grande pompe mais nous avons simplement à nous pencher sur des questions cruciales telles que le bilan démocratique et économique des cinquante ans écoulés. Quels ont été les points forts et les points faibles et surtout nos parts de responsabilités individuelles et collectives dans la construction de nos Etats qui, il faut l'avouer, ont encore un long chemin à faire. Qu'on se le dise, l'Afrique n'a pas besoin de la puissance coloniale en l'occurrence la France qui a nommé Jacques Toubon pour faire le bilan de nos cinquante ans d'indépendance. Nous sommes loin d'être nationaliste, mais nous considérons cela comme ingérence à notre souveraineté. L'on nous dira sans doute que l'implication de la France consistera à faire le bilan de la coopération bilatérale entre la puissance coloniale et les colonies mais eu égard au dessous des cartes de la Françafrique, cet alibi nous paraît très peu convaincant. Dans ce débat, les plus fatalistes diront sans doute que le destin de l'Afrique relève de la volonté de Dieu ! Mais en vérité, nous devons revoir nos pratiques quotidiennes de la citoyenneté ainsi que nos propres comportements. S'il y a un domaine où il y a peu d'écrits sur le continent, c'est sans doute celui devant ouvrir les débats sur les valeurs de la société africaine. Ce sujet semble presque tabou et est même considéré comme une insulte pour celui qui oserait donner son avis là-dessus. Lorsqu'il s'agit surtout d'une critique et que celle-ci émane d'un Africain, ce dernier est tout de suite qualifié de déraciné ou de vendu ; lorsque c'est un non-Africain qui parle, on lui fait tout de suite porter le manteau de raciste.

La même attitude s'observe finalement même entre gouvernés et gouvernants : personne n'a jamais tort car la faute est toujours à l'autre. Un citoyen lambda qui a une chemise déchirée ne verra pas sa responsabilité dans ce qui lui arrive, mais bien au contraire pour lui, c'est l'Etat qui ne l'aide pas. Idem du côté du pouvoir qui rejette toujours ses erreurs de gouvernance ou ses limites de compétences sur la population et surtout sur l'opposition, son éternel bouc-émissaire. Renonçant à son devoir d'éducateur et de protecteur social, quand ça ne va pas, les gouvernés deviennent les parents pauvres de la république.

Nous n'allons pas nous attarder sur l'étude sociologique et/ou psychanalytique de la société africaine en général et sénégalaise en particulier mais nous jugeons simplement nécessaire de nous arrêter sur deux concepts fondamentaux dans le jeu démocratique : la civilité et le civisme. En outre, Erasme a fixé le premier terme de civilité pour désigner l'ensemble des manières que l'enfant se doit d'assimiler pour s'intégrer à la société. La civilité puérile (1530) est un traité d'éducation entendue comme processus de polissage de l'individu à la façon d'un galet progressivement dégrossi : être poli c'est avoir intégré dans son corps même des règles extérieures de comportement telles que l'hygiène, la tenue, la maîtrise des pulsions. Mais ce terme de civilité dépassera une façon d'être limitée à l'individu en rendant possible un espace collectif de pratiques communes. Cette nouvelle définition de la civilité revendique ainsi une valeur universelle. Elle est ainsi, selon la thèse de N. Elias[55], « *un instrument essentiel de l'instauration de l'absolutisme, l'Etat étant d'autant plus solidement assis que la contention individuelle et la violence interindividuelle limitent le besoin de recourir à une répression institutionnelle ouverte*[56] ». Par ailleurs, le terme « civisme » pourrait quant à lui, se définir par le respect des droits et des obligations de la citoyenneté. Or celle-ci n'est pas seulement un statut ; elle s'institue et se pratique.

On le voit donc, le civisme est la qualité propre à cette institution et à cette pratique. La formule « voter est un droit civique » signifie que le civisme est d'abord l'implication, la prise de pouvoir effective du citoyen dans les affaires publiques. Considérée comme étant une action rationnelle en faveur de l'intérêt public, le civisme a donc pour essence de respecter les puissances publiques. Or consciemment ou inconsciemment, le constat est amer, mais il faut l'avouer, l'absence de l'ordre à la base dans la société sénégalaise n'est rien d'autre que la manifestation d'un manque de civisme.

En effet, on reproche aujourd'hui au président Wade de faire ce qu'il veut au pouvoir et pourtant chacun de nous ne fait pas une "auto-introspection" dans le respect des règles de la vie publique. Or en vérité, les biens publics ne sont pas respectés au Sénégal tout simplement parce que dans l'imaginaire collectif, ils n'appartiennent à personne. C'est dans ce pays où l'on peut voir un adulte pisser sur la voie publique sans éprouver aucune gêne. Inutile alors de se demander quelle sera l'attitude du gamin ou de

---

[55] Norbert Elias est un écrivain et sociologue allemand d'origine polonaise (1897-1990).
[56] In la civilisation des mœurs, édité en 1939 et réédité en 1969 par Pocket Agora. Traduction française 1973, réédition Calmann-Lévy, collection Liberté de l'esprit, 1991. Dernière réédition, Mille et Une Nuits, en 2001.

l'adolescent. Tous ne trouveront pas cela anormal. Pire, en cas de reproche de la part d'un tiers, l'on lui fera comprendre que « *c'est une voie publique. Elle n'appartient à personne. Pas même aux parents du plaignant* » qui se pose en donneur de leçon. Au Sénégal, tous les jours que Dieu fait, des gens barrent des voies principales de circulation et ce, pour des besoins de festivité ou de baptême et sans que cela ne dérange la conscience de personne ; pas même les autorités publiques qui laissent faire ! Mais imaginons un petit moment qu'un pauvre citoyen tombe gravement malade dans le coin et se trouve dans l'urgence d'être acheminé à l'hôpital. Le temps est compté pour sa survie. Et le fait que la route soit barrée parce qu'il y a des gens qui dansent et qu'il faille donc faire un grand détour pour rejoindre l'hôpital, pourrait être fatal au pauvre malade. Et encore, dans cet exemple, l'incivisme pourrait se poursuivre jusqu'à l'hôpital en question : même ayant réussi à acheminer très rapidement le patient dans les urgences, celui-ci pourrait tomber dans la malchance de ne pas être pris tout de suite en charge et pour cause, le médecin urgentiste est occupé car il est au téléphone avec son ami(e) ou il est en train de boire un café. Il prend le temps qu'il veut avant de demander aux pauvres accompagnateurs du malade ce qui ne va pas et peut-être même qu'il est déjà trop tard. Les proches de la « victime » n'ont donc qu'à rentrer avec leur cadavre ou l'acheminer à la morgue s'ils ont de quoi mouiller la barbe du gardien pour espérer avoir une petite place dans les tiroirs de la chambre froide où superposer le cadavre du sien aux côtés des autres morts, le temps de se tracasser pour les formalités administratives à l'hôpital. Et là encore, il faut du « *neekhal*[57] » à certains agents de l'hôpital pour avoir très vite les papiers et sortir son

---

[57] Mot wolof très réputé dans le milieu des affaires au Sénégal et qui est la source première de corruption : pourboires.

cadavre, de peur de payer trop cher les frais de la morgue. Eh bien tout cela ne semble pourtant pas très anormal aux yeux des victimes même s'ils arrivent parfois à râler. C'est simplement du « *ndoggal yallah* [58] » se consoleront les uns et les autres. Dans la même « foulée » d'exemples, vous avez une urgence de dossier, vous vous rendez dans un service public, l'agent chargé de s'occuper de vous, vous dira de revenir demain car il n'a pas le temps et pour cause, il doit se rendre à un baptême d'un ami ou d'un proche, ou encore, il dira qu'il est fatigué ou il est occupé parce qu'il bavarde au téléphone. Pour sans doute le motiver à s'occuper de vous, mettez votre main dans la poche pour lui glisser un billet de banque discrètement dans la paume de sa main. Et pourtant, tout cela, à l'heure du boulot où il est dans l'obligation de se mettre au service des citoyens et de la république. Le pauvre citoyen verra donc son besoin compromis parce qu'il était dans un cas d'urgence et le temps lui était compté. Mais le pauvre hélas, se résignera et remettra tout à la volonté divine. « *C'est Dieu qui a voulu que ça se passe ains*i », dira-t-il avec un sentiment de fatalité et sans doute d'aveu d'impuissance. Au collège, au lycée ou à l'université, les mêmes comportements se reproduisent. Parfois dans de pires cas. Un enseignant qui fait ce qu'il veut dans un « je-m'en-foutisme » absolu, ne se rend pas compte qu'il brise l'avenir de toute une génération et l'espoir de milliers de familles. En même temps, c'est l'Etat qui perd de futurs cadres de l'administration tout en perdant aussi l'argent investi pour la formation de ces citoyens à l'école. Mais encore, les parents du jeune élève ou de l'étudiant victime du comportement incivique de son maître ou de son professeur, se résigneront comme toujours à dire que c'est la volonté du bon Dieu. A l'issue d'un concours, on sélectionnera un tel parce qu'il (elle) est le fils ou la fille

---

[58] C'est la volonté de Dieu.

d'un tel au détriment de l'autre beaucoup plus apte mais qui n'a pour seul handicap que d'être un fils ou fille de paysan. On fait alors la promotion de la médiocrité et c'est encore le service public et la société qui en prennent un sacré coup. Que diront les parents des candidats discriminés ? « *Courage, Dieu est grand, un jour ça ira. Ce n'était peut-être pas votre tour. Et de toute façon, pour un tel concours, les enfants des pauvres n'ont pas trop à espérer* ». Du coup, on s'auto-exclut déjà dans un système où l'on se révèle impuissant pour jouer sa chance. Dans les transports en commun, les chauffeurs de « cars rapides » s'arrêtent où ils veulent, quand ils veulent, comme ils veulent et prennent le temps qu'ils veulent. Vous qui n'avez pas d'autres choix que de prendre ces moyens de transport, parce que vous n'avez pas la possibilité de prendre tous les jours un taxi pour vous rendre à votre lieu de travail, avez donc tous les matins un souci : celui d'arriver en retard au boulot quels que soient les efforts consentis pour vous lever tôt. Le soir, vous rentrez tard à cause des mêmes caprices des chauffeurs. Que pouvez-vous contre eux ? Ils vous diront toujours : « *c'est mon véhicule, je fais ce que je veux. Si vous êtes pressés, descendez et prenez un taxi !* » (…).

De l'autre côté, on reproche à l'élite africaine de fuir le continent mais on refuse de regarder la réalité en face. Nul ne peut se sentir mieux ailleurs que chez soi mais lorsqu'on ne permet pas à cette élite formée dans les meilleures écoles d'Europe et d'Amérique du Nord de mettre leur expertise au service de leurs pays tout simplement parce que ceux qui étaient déjà là craignent qu'on leur prenne leur place, alors que reste-t-il à faire ? Se résigner comme les autres pauvres citoyens impuissants devant le mauvais sort qui leur est infligé par leurs propres compatriotes ? Eh bien non car eux au moins, ces intellectuels, ont la chance qu'on leur tende la main ailleurs.

Oh que les exemples sont nombreux et nous n'avons pas la prétention de tous les citer. Partant de là, l'on est en droit de se demander si en vérité, nos dirigeants ne sont justement pas le cliché de notre propre société. Ce qu'on leur reproche, se reproduit tous les jours par nous-mêmes dans nos vies privées et collectives, dans nos relations interindividuelles. D'aucuns assimilent le pouvoir d'Abdoulaye Wade à une monarchie. Mais nous ne le pensons pas vraiment. Nous préférons le terme autoritarisme à monarchie et le cas échéant, il n'y a rien à reprocher à Me Wade car son défaut est largement partagé par le commun des Sénégalais. A l'école ou à l'université, le maître ou le professeur fait ce qu'il veut parce qu'il est le chef. Au service, le fonctionnaire fait ce qu'il veut parce que le petit citoyen « d'en bas » ne peut rien contre lui. A la maison, le père de famille rappelle toujours aux membres de sa famille que c'est lui le chef et que c'est lui seul qui décide. Et pourtant, il ignore que de belles idées pourraient venir du cadet de la famille. Le mari lui, dans chaque dispute avec son épouse, lui rappellera toujours que c'est lui qui « porte le pantalon » et qu'il ne peut y avoir deux voix dans la maison. D'ailleurs, l'une des phrases phares prononcées par les hommes dans les disputes avec leurs conjointes, est « *sa dieukeur-là* » autrement dit, *je suis ton mari* et pour tout dire, *tu ne dois pas prononcer ta parole contre la mienne ni hausser le ton quand tu me parles.*

Le 31 juillet 2009, beaucoup de Sénégalais étaient abasourdis d'entendre le président réclamer publiquement 35% des recettes du monument de la renaissance africaine. Tout simplement parce que les idées lui appartiennent. Même si le président Wade tente de masquer sa mascarade en justifiant par la suite que cette part de recettes qui lui reviendra de plein droit sera reversée aux projets des cases des tout-petits, ne voyons-nous pas simplement ici une sorte d'autoritarisme ? Rien de surprenant en tout cas, car il est le chef et à l'image du chef de famille ou du mari autoritaire, il a la plénitude de décider de tout. D'ailleurs, au sujet de la polémique relative à l'achat d'un nouvel avion présidentiel, le président Wade avait laissé entendre que s'il souhaite payer un nouvel avion, personne ne peut l'en empêcher. Hélas.

Les mêmes comportements s'observent également au niveau des partis politiques et l'une des raisons essentielles d'ailleurs de notre faiblesse démocratique vient aussi de là car celui qui ne sait pas mettre de l'ordre dans son « propre parti » et y faire vivre une réelle démocratie interne, se verrait sans doute incapable, une fois élu à la magistrature suprême, de réussir le pari de la démocratie républicaine. Il gouvernera sous la forme de la paternalisation ou de la personnalisation du pouvoir comme c'est le cas dans les partis politiques sénégalais qui s'identifient à des personnes et qui sont, pour tout dire, des biens privés. Que pouvons-nous donc déduire de tous ces exemples ? Le moins que l'on puisse dire c'est qu'il faut une révolution culturelle pour changer nos comportements à tous les niveaux et ce, du sommet de l'Etat au petit chef de quartier dans un village reculé du pays. Cette révolution incombe à tous, gouvernants comme gouvernés. Le civisme n'engage pas seulement une relation verticale du citoyen à l'égard des puissances publiques mais aussi une relation horizontale entre les citoyens. Les deux rapports s'impliquent réciproquement. Ainsi, contribuer à faire respecter les droits de certains et, par conséquent, contribuer à obliger certains à respecter leurs obligations, c'est finalement travailler indissolublement pour les citoyens et pour l'Etat garant des droits et des obligations. De ce fait, c'est le pacte républicain qui se voit consolidé à travers une cohésion nationale et un commun vouloir de vie commune. Et, n'est-ce pas là une élévation de la conscience du citoyen quant à son rôle dans la cité à travers lequel il définit lui-même une éthique de la responsabilité politique dans le jeu démocratique ? La solution aux problèmes de société passe nécessairement par le civisme et en tout état de cause, le projet démocratique est d'abord un projet d'exigence civique. Marc Sangnier donnait déjà en 1907 la définition de la démocratie sous les termes selon lesquels « *elle est l'organisation sociale qui tend à porter au maximum la conscience et la responsabilité civiques de chaque citoyen* ».

Cette contribution n'est donc pas un jugement de valeurs. Elle est sans doute une critique constructive permettant d'expliquer le rôle de chacun au sein de notre société et pour la survie de notre démocratie, de rapprocher les Sénégalais entre eux et de leurs gouvernants et d'en finir, nous l'espérons, avec cet incivisme qui gangrène le milieu social et politique.

VI. Une justice en garde-à-vue

La loi ne sera jamais capable de saisir à la fois ce qu'il y a de meilleur et de plus juste pour tous, de façon à édicter les prescriptions les plus utiles. Car la diversité qu'il y a entre les hommes et les actes, et le fait qu'aucune chose humaine n'est, pour ainsi dire, jamais en repos, ne laissent place, dans aucun art et dans aucune matière, à un absolu qui vaille pour tous les cas et pour tous les temps.

Platon
Les lois, IX, 875 ad

L'idée de justice est avant tout, morale et philosophique : elle s'appuie sur la vertu individuelle et/ou collective des citoyens, qui est définie et organisée par des lois, puis défendue par les institutions judiciaires. Or le concept de justice en tant que vertu appartient essentiellement à la philosophie morale antique, et s'oppose en permanence à la conception libérale de la justice moderne : ainsi, les

intérêts politiques et financiers musellent-ils régulièrement son bon exercice. Gardienne des libertés individuelles et de l'Etat, la justice est un des éléments essentiels à la démocratie. Traversant des zones d'ombre dans plusieurs dossiers où l'emprise du président Wade a été trop flagrante, la justice sénégalaise, au-delà d'une probable perte de sa crédibilité, semble devenir le parent pauvre de la république. Pire, d'aucuns la disent même malade et à double vitesse à cause de la manipulation par l'exécutif dont on la soupçonne. En outre, les multiples poursuites judiciaires abusives perpétrées ces dernières années surtout avant la réélection du président Wade en février 2007, ont été l'un des moyens les plus efficaces mis en œuvre pour étouffer les débats dans l'espace public. Sous des motifs souvent diffamatoires, la Division des Investigations criminelles (DIC) a souvent accusé d'honnêtes citoyens de délit à l'ordre public ou d'atteinte à la sécurité publique et ce, pour leur simple tort d'avoir émis leurs avis sur la gestion du pouvoir. En 2007, peu avant le démarrage effectif de la campagne électorale de la présidentielle de février, devant la menace qui planait sur le gouvernement (à cause de l'impopularité du président Wade qui était partout accueilli à l'intérieur du pays avec des brassards rouges à cause du mécontentement de la population), il fallait donc faire taire tous ceux qui pourraient déranger (opposants, syndicalistes, journalistes comme divers leaders d'opinions) afin de ne pas compromettre la réélection du candidat sortant qui lui, jurait déjà la main droite sur le cœur qu'il gagnerait les élections dès le premier tour. En se servant donc de la police et des tribunaux pour asseoir son autorité dans le paysage politique, le président Wade et ses acolytes retirent à la démocratie ce qui en demeure le fondement, en l'occurrence la liberté de s'exprimer et de débattre.
Pourtant avocat de renommée durant ses glorieuses années d'opposant, l'activisme outrancier du président Wade

aujourd'hui remet en cause l'indépendance de la justice sénégalaise. Dans tous les grands dossiers faisant l'objet de « procès du siècle » comme aimaient le dire les journalistes, le président Wade était toujours en ligne de mire – s'il n'était pas le premier accusateur pour prouver la culpabilité des pauvres victimes des manipulations politiciennes. Dans le cas des chantiers de Thiès par exemple, le président Wade, avec des documents à l'appui, brandis sur le plateau de la télévision nationale, accusa publiquement son ex-Premier ministre de détournement des deniers publics. Y avait-il alors le besoin de mener des enquêtes dans cette affaire puisque le président avait déjà dit la messe ? Et de toute façon, les enquêteurs pouvaient-ils de manière indépendante faire leur travail et surtout produire des résultats d'enquêtes qui s'éloigneraient des allégations du président ? La justice blanchirait-elle l'accusé alors que le président avait déjà fourni les preuves d'inculpation ? Hélas, cette justice ne devient-elle finalement pas la caisse de résonnance du chef de l'Etat ? Premier des magistrats, il est le seul qui punit ou qui pardonne celui ou celle qu'il veut. Et d'ailleurs lorsqu'il s'est agi de règlement politique à l'amiable avec son ex-mentor Idrissa Seck, le président Wade avait décidé de gracier celui qu'il accusait pourtant de détournement de fonds en jurant devant tous les Sénégalais qu'il allait l'envoyer en prison. Pour justifier cette grâce, le président Wade déclara à nouveau sur le plateau de la télévision nationale qu'Idrissa Seck avait accepté de lui rembourser l'argent volé. A lui et non à l'Etat d'autant plus que la justice est écartée de son pouvoir. Comme si c'était une affaire privée ou une affaire de famille. Et dans ce feuilleton judiciaire, le spectacle de ladite saga judiciaire ayant opposé Wade à Seck, preuve d'un formalisme qui a pris le pas sur l'indépendance de la justice, une chose paraissait donc évidente : « l'assignation à résidence surveillée » du pouvoir judiciaire. Or en brouillant la frontière entre le Législatif et l'Exécutif ou simplement entre le droit et le politique, c'est à coup sûr la démocratie qui est affectée. Il n'est pas de notre intention de faire ici le procès des deux hommes. Mais la théâtralisation de la querelle politique entre le président Wade et son mentor, au-delà de l'agacement, a fini par ériger le pays en république bananière où chacun se permet n'importe quoi. On n'oubliera pas de sitôt toute la comédie qui avait tourné autour de cette anecdote avec, d'un côté, des ministres qui, comme s'ils n'avaient plus rien à faire, sillonnaient le territoire national pour des « meetings » d'intoxication contre l'ancien Premier ministre ; mais aussi le président Wade[59] en question qui était monté sur le plateau de la télévision nationale pour dire publiquement qu'*Idrissa Seck était un voleur* et *qu'il avait détourné 43 milliards des caisses de l'Etat*, etc. Bref, il y a même eu des gens qui avaient été « (re)casés » dans le gouvernement en récompense de leur hostilité à l'endroit de Seck. De l'autre côté, le présumé coupable n'arrêtera pas de « saouler » le peuple avec des discours sur fond de récitation du Saint coran pour justifier son innocence qui, selon lui, est blanc

---

[59] Le jour même de la proclamation provisoire (par la Cour d'Appel) de sa réélection au scrutin présidentiel du 25 février 2007, les Sénégalais étaient ahuris ce 1er Mars 2007 de voir le président Wade brandir un protocole d'accord au terme duquel l'ex-Premier ministre s'engageait à lui verser sept milliards de francs Cfa, à lui Abdoulaye Wade et sept autres milliards plus tard. Et pourtant, quelques semaines auparavant, précisément avant le démarrage de la campagne électorale de la présidentielle, à l'issue des rencontres entre les deux hommes, le même président Wade déclarait devant un parterre de journalistes de la presse nationale et internationale en direct de la télévision nationale, que « les détracteurs » d'Idrissa Seck ont été incapables de prouver sa culpabilité. Hélas, lui (le président Wade !) ne faisait plus partie de ces détracteurs, lui qui avait pourtant déclaré une nième fois que son mentor était un voleur.

comme neige et que « jusqu'à l'extinction du soleil », Wade sera incapable de justifier son « crime financier ». Mais en même temps, l'ex-Premier ministre avoua publiquement que l'argent dont il est accusé de détournement n'était rien d'autre que les fonds politiques [60]alloués au parti et dont il avait la charge de la gestion en sa qualité de directeur de cabinet du président et numéro 2 du PDS. Lors de l'émission « Grand Jury » de la radio privée RFM du 29 octobre 2006 dont il était l'invité, son aveu fut de taille: « *Je ne me suis pas enrichi à la faveur du pouvoir. Les seules ressources que mon passage au pouvoir a mises à ma disposition et qui renforcent mes moyens d'intervention politique et sociale, ce sont les fonds politiques que le président de la république lui-même m'a discrètement alloués.* » Ce qui a beaucoup agacé le peuple sénégalais dans cette histoire digne d'un conte de fée, c'étaient les incessantes contrariétés dans les aveux du président de la république : tantôt, Idrissa Seck est (…), tantôt, il n'est pas (…). Et alors, au-delà de la perte de crédibilité de la parole présidentielle, c'est l'image de la république elle-même qui est ternie. Mais aussi, c'est la démocratie qui en souffre le plus d'autant que le peuple souverain qui a droit à l'information et à la vérité sur la vie publique, est privé de ce devoir par le pouvoir. Gouvernement du peuple par le peuple et pour le peuple, cette démocratie est hélas courtisée pour les besoins d'une cause qui la trahit : l'exercice du pouvoir. Dans ce jeu de yoyo entre les deux hommes, la fin justifie les moyens et cette fin se prête à un regard cynique visant simplement à verrouiller ce qui est par rapport à ce qui devrait être dans l'exercice du pouvoir. Et pourtant, ces deniers publics ne

---

60 Le président Wade avait déclaré sur le plateau de la télévision nationale que les fonds spéciaux qui sont une autorisation de l'Assemblée nationale, s'élèvent à environ 620 millions de francs Cfa et, qu'avec Idrissa Seck, qui « glanait des fonds à droite et à gauche », ils sont montés à 14 milliards.

sont rien d'autre que l'argent du contribuable qui paie les pots cassés en cas de mauvaise gestion. Après tant d'accusations et d'aveux de part et d'autre des deux camps, Idrissa Seck est aujourd'hui blanchi. Blanchi de tout ! Et les journaux de la place de titrer à la Une du 5 mai 2009 : « Idrissa Seck totalement blanchi », « Idrissa Seck blanc comme neige », « Idrissa Seck blanc comme une colombe », (…). Le rêve des Sénégalais dégénère ainsi en cauchemar eu égard aux attitudes des uns et des autres qui n'honorent pas l'image de la république. En effet, certains observateurs de la scène politique parlent de « deal »[61] entre les deux hommes après le retour du fils « putatif » à la case du père. Là n'est pas non plus notre intention de gratter le dessous des cartes. En effet, sachant que la justice sénégalaise n'a pas su honorer l'image du Sénégal et prouver son indépendance vis-à-vis du pouvoir capricieux, notre intention est de chercher à comprendre ici

---

[61] Le président Wade fut d'ailleurs le premier à parler de deal entre lui son mentor. Brandissant le fameux protocole de Reubeuss daté du 29 Décembre 2005, le président Wade déclarait : « Nous étions dans une sorte de jeu d'échec à distance. Il (Idrissa Seck) m'a demandé à sortir de prison. Je lui ai demandé de rapporter l'argent qu'il avait pris. Et il s'est engagé à rembourser l'argent qu'il avait pris. Nous pensons qu'il y a entre quarante milliards et plus déposés dans un compte trust à New York chez un avocat. La Justice a fait des commissions rogatoires dans le cadre des accords judiciaires (…). La France a déjà donné son rapport et nous avons reçu pratiquement toutes les informations. Il reste le Luxembourg, la Suisse et surtout les Etats-Unis. Les tentatives de l'ancien Premier ministre de planquer des milliards au Luxembourg se sont soldées par un échec, les autorités de ce pays s'y étant opposées ». Et le président Wade de conclure, furieux : « Je peux lui pardonner tous les torts qu'il m'a portés, mais l'argent du contribuable, jamais ! ». Selon nous, le scandale n'est pas dans ces déclarations. Wade prend la place de la justice pour régler ses propres comptes politiciens.

ce jeu de yoyo entre les deux hommes. Certes, les sceptiques peuvent faire valoir que la justice sénégalaise bénéficie d'un statut censé assurer son libre arbitre. Mais c'est justement oublier que depuis l'avènement de l'alternance, la carrière des magistrats et juges d'instruction de la république dépend de leur subordination au chef. Reste que ces manœuvres assimilables aux mœurs en vigueur dans les républiques bananières les plus dévoyées, sont trop voyantes pour pouvoir être utilisées à grande échelle.

Aujourd'hui, on nous parle de l'indépendance de la justice. Les juges eux-mêmes en réclament sur tous les fronts. Mais qu'on le sache, cette indépendance ne doit pas être faite pour le confort des juges, mais doit plutôt constituer un élément de la confiance fondatrice de la légitimité de la justice. Dans ce cas, il s'agit en l'occurrence de garantir aux citoyens que leur cause sera entendue par un juge au service du droit et non de l'autorité qui l'a nommé et le rémunère[62]. Ce ne doit pas être non plus, un rempart derrière lequel le juge protège son individualisme, mais une assise de sa capacité à dire le droit sans crainte que sa décision ne lui soit imposée par une finalité autre que le respect de la loi. En effet, dans un Etat qui se veut Etat de droit où la prééminence du droit dans les relations interindividuelles et avec la puissance publique demeure une exigence, le système judicaire doit alors être équitable, efficace et accessible par tous quels que soient les rapports de force. Il ne peut pas en effet y avoir de démocratie sans justice. D'aucuns décrivent d'ailleurs la justice comme étant le facteur garant de la démocratie en ce sens que cette dernière ne peut être considérée comme une simple technique, mode de gestion des conflictualités sociales, définie par les constitutionnalistes selon le fameux aphorisme affirmant la suprématie du « pouvoir du peuple

---

[62] Haenel Hubert, *Justice sinistrée, démocratie en danger*.

par le peuple et pour le peuple » (Thierry S. Remoux : 2004). En outre, la démocratie surtout quand elle est confrontée à la justice et à la quête des citoyens choisis pour se prononcer en son nom, est bien plus que cela. Elle est aussi et avant tout, une idée selon laquelle les personnes acceptent, en contrepartie de leurs différends, un lien, une référence communs d'où les juges puissent en toute indépendance, trancher[63]. Ainsi, la démocratie est donc fondée sur la recherche de l'équilibre, l'écoute, le contradictoire, la conciliation d'intérêts supposés antinomiques au vu d'une règle de droit supérieure car transcendant le concept traditionnel de loi.

Toutefois, l'indépendance de la justice ne va pas sans une responsabilité. Que le juge en tant que contre-pouvoir contrôle, cela apparaît parfaitement légitime, mais jusqu'où ?- s'interrogeait Hélène Pauliat. Pour ce professeur de droit public, « *bien qu'étant l'un des principaux vecteurs de la démocratie, la justice ne doit pas cependant bénéficier de pouvoirs illimités. La situation dans laquelle se trouve le juge en régime démocratique peut conduire à des confusions* ». Et Loïc Cadiet, professeur à la Sorbonne, de préciser que « *la fonction essentielle de la justice est de trancher les cas particuliers et non pas de décider des politiques publiques* ». Parce que la justice est un instrument d'action collective autant l'idée d'un activisme politique du juge doit être écartée, autant, ses pouvoirs d'intervention dans le procès, activisme technique, doivent être favorisés afin de permettre qu'une justice de qualité soit rendue promptement à l'issue d'un débat satisfaisant aux exigences du procès équitable.

---

[63] Texte de Thierry S. Remoux « *Le statut de la magistrature, garantie de la démocratie* », actes du colloque organisé à Limoges les 21-22 novembre 2002.

Chapitre VI

L'anecdote Wade/Seck : entre impunité et raison d'Etat

Mon argent ! Mon argent ! Je suis perdu ! Je suis assassiné, on m'a dérobé mon argent ! Qu'est-il devenu ? Où est-il ? Où se cache-t-il ? Que ferai-je pour le trouver ? Où courir ? Où ne pas courir ? N'est-il point là ? N'est-il point ici ? Qui est-ce ? Arrête ! Rends-moi mon argent coquin ! […] Ma chère cassette !

Harpagon
Extrait de : Molière : l'avare
Acte IV, scène 7

Par Alassane Mamadou Ndiaye

La science politique n'est pas une science de la prédiction. Elle a principalement pour champ d'intervention les faits politiques, et ne pourrait, en conséquence, préprogrammer les phénomènes politiques. Pour qu'elle puisse le faire, il faudrait que les politistes ou politologues, au-delà de leur art et en plus d'être des médiums, soient dotés d'un don d'ubiquité, cette faculté surhumaine d'être présent partout et simultanément ; il faudrait qu'ils soient capables d'être dans la tête de chaque acteur politique pour lire, comprendre les lois d'interaction qui régissent leurs pensées et anticiper leur jeu dans le monde des profanes. C'est dire combien dans l'approche objective du politique dans nos sociétés africaines à démocratie aléatoire, le rationalisme est d'une relativité somme toute « absolue ». (Oui, vous avez bien lu.) L'absence de lois structurant l'objet d'étude – la politique – rend caduque toute démarche d'observation convoquant la trilogie scientifique hypothèse-vérification-thèse.

Alors que reste t-il comme mode opératoire d'approche de la pratique politique au Sénégal ? L'intuition !

L'intuition érigée en sixième sens permet seul d'appréhender les dynamiques ambiantes du microcosme politique sénégalais et de présager de leur matérialisation sur le champ public. Ceux des Sénégalais qui s'y sont exercés n'ont sans doute pas été surpris par l'annonce des retrouvailles entre le président Abdoulaye Wade et son ancien Premier ministre, Idrissa Seck. Depuis l'exclusion de ce dernier du PDS, le 5 août 2005, divers indices concourraient à confirmer l'irréfutabilité de sa réinsertion dans le parti: le boycott inexpliqué et non motivé des élections législatives par REWMI, (contrairement aux autres partis de l'opposition qui l'ont fait par réaction aux « irrégularités » de la présidentielle de 2007 et à la « non-fiabilité » du fichier électoral) ; le silence d'Idrissa Seck depuis la fin des élections présidentielles alors que les autres leaders d'opposition défiaient le pouvoir etc. Un silence qui pourrait être interprété comme une observation d'une clause de non-agression entre les deux hommes. L'alternance de tumultes et d'apaisements dans leurs relations repose sur une double hypothèse.

La première hypothèse est celle d'un « cessez-le-feu » pré-électoral.

L'écueil à éviter serait de croire que l'épisode du lundi 12 janvier 2009 défie toutes les logiques de bon sens. Car, dans l'alibi démocratique qu'est le système politique sénégalais, le bon sens, cela a toujours été l'absence de logique. Durant l'entre-deux tours de la présidentielle de Mars 2000, le leader de l'URD, jusque-là viscéralement opposé au candidat Abdou Diouf est reçu en audience expresse au Palais par ce dernier, au sortir de laquelle il n'hésita pas à braver l'élan populaire du changement et à appeler à réélire le Président Diouf. A l'appui de son volte-face inattendu, Djibo Kâ avançait, au nom du Socialisme, l'argument d'une cohérence idéologique. Le même homme se retrouvera plus tard comme l'un des acteurs clefs d'un régime libéral dont il a combattu l'émergence durant toute son histoire politique.

Ces retrouvailles sont plutôt à replacer dans une perspective d'approche réaliste de tout comportement politicien. Il faut y voir une volonté de Wade d'amortir le désastre électoral qui hante son parti à la veille des élections municipales de Mars 2009. Il y a lieu donc pour l'instant de s'en tenir à l'hypothèse d'une pure réconciliation de déblocage. Idrissa Seck lui-même ne manque pas de conforter ce constat lorsqu'il déclare : « *en période de guerre, il est plus digne de s'allier à son père et de périr que de s'allier avec l'ennemi pour tuer le père* ». La question est de savoir si la filiation putative est définitivement renouée à travers cette réconciliation ; elle est de savoir si l'on n'assiste pas là au montage d'un ultime scénario du Président Wade consistant à apprivoiser son « fils égaré », à s'offrir ses services dans le front électoral à venir pour limiter la casse libérale et mieux l'achever par la suite. Cette interrogation aurait perdu toute son opportunité si le Président Wade n'avait, jadis, laissé entendre qu'il lui « *restera toujours une clef pour mettre Idrissa Seck à terre* ». L'on n'est peut-être pas au bout des rebondissements dans les relations entre les deux hommes.

La seconde hypothèse est celle de la survivance politique de Wade.

Il est reconnu qu'en général, les précurseurs de grande œuvre sont rarement les acteurs de la propagation et de la pérennisation de leurs idées et de leurs causes. Ils en jettent simplement les fondements théoriques, à charge pour les élèves, les héritiers ou autres adeptes d'en assurer la promotion, la diffusion et la sauvegarde à travers temps et espaces, en prenant garde à l'altération de la matrice fondatrice. Karl Marx a écrit sa pensée, ses élèves ont fait du marxisme ; le Général De Gaulle a créé la 5e République française, ses héritiers politiques ont donné corps au Gaullisme ; Cheik Amadou Bamba a posé ses bonnes pratiques du service de Dieu, ses fidèles ont propagé le Mouridisme. Cet honneur d'une réincarnation dans la postérité fait, incontestablement, partie de l'agenda post-politique de Wade. De par son tempérament et la vocation qu'il donne à sa place dans l'histoire du Sénégal, de l'Afrique et du monde, le Président Wade ne souhaiterait pas être réduit en une simple mémoire outre-tombe qui ne survivra qu'au travers d'héritiers mécaniques mimant systématiquement sa pensée et ses visions avec un automatisme irrationnel et dépendant. Il a aussi besoin de ceux qui la vivifieront « *jusqu'à l'extinction du soleil* » ; de ceux qui prolongeront son punch, son baroud en y ajoutant une plus-value personnelle pour assurer une mise à jour permanente du « Wadisme », en fonction des époques et des lieux. Cette angoisse politique n'en est pas moins existentielle : qui, dans son entourage actuel est à même de lui survivre, en tant que personnage public et individu privé ? Quelle que soit la profondeur de leur désaccord, Wade conserve la conviction qu'avec son ancien Premier Ministre aux affaires, il peut trouver le gardien de ses temples publics et privés. La forte imprégnation par Idrissa Seck de l'assise privée et publique de la personne de Wade en fait un « fils » incontournable capable de réaliser ses vœux « post-mortem » d'un équilibre social et politique à tous ses authentiques héritiers, politiques comme biologiques. De même, d'un point de vue idéologique, au sein du PDS, M. Seck ne souffre d'aucune concurrence quant aux facultés et au volontarisme d'incarner, de conserver, d'enrichir et de diffuser la pensée, les convictions et l'œuvre politique de Wade, dans toute leur configuration originelle.

Sous cet angle, croire qu'il y avait une profonde rupture entre les deux hommes c'est faire montre d'une réelle naïveté politique. Si leurs matières se querellaient, leurs esprits s'embrassaient par ondes télépathiques et se réclamaient comme deux époux que les contingences de l'amour mettent, pour un instant, à l'épreuve d'une nostalgie réciproque. Du 24 avril 2004 (date de publication du décret n° 2004-560 mettant fin aux fonctions de Premier Ministre de M. Seck) jusqu'au 12 janvier 2009, on était dans un cas de figure d'une séparation dite circonstancielle destinée à provoquer une conjoncture politique de nature à brouiller les pistes de succession pour mieux protéger Idrissa Seck. Puis, un enjeu d'importance s'est introduit dans le jeu pour finalement donner une dimension tragique au scénario de départ: l'indépendance. Pour l'un comme pour l'autre, le différend de gestion administrative (les Chantiers de Thiès) s'est mué en un duel d'autodétermination politique alimenté par des exercices de défiance réciproque sur fond de : « *tu vas voir, je vais te prouver que tu ne peux exister sans moi !* » Wade lui-même conforte cette thèse lorsqu'il déclare « qu'*entre Idrissa Seck et moi, c'est un jeu d'échecs à distance.* » En réalité, Idrissa Seck sait qu'il ne peut se construire et exister politiquement sans l'onction de Wade et de son parti ; de même, ce dernier sait qu'il ne peut survivre et se réincarner dans la postérité politique du Sénégal sans Idrissa Seck. Tragiques destins !

Dans un tel contexte, il va de soi que le cas Idrissa Seck est un structurant de la problématique sur le leadership libéral de l'ère post-wadienne.

Par ailleurs, le Libéralisme en tant que matrice idéologique du PDS n'est qu'une réalité fictive. Car le Libéralisme, doctrine politique qui, avec Locke et Montesquieu, s'est affirmée dans l'opposition à tout absolutisme, est, par vocation, la pratique et la promotion constante de la liberté. Or, il n'existe au PDS aucun autre membre, quel que soit son statut, en dehors d'Idrissa Seck, qui soit libre de ne pas avoir, de ne pas être, de ne pas dire et de ne pas faire comme le Chef. Il n'y a pas si longtemps, devant des militants PDS conviés à sa rencontre le 20 décembre 2008 à Paris, le Président déclarait qu'il n'a pas de pouvoir d'exclusion d'un membre du parti. Ce qui revient à dire que le PDS, comme toute formation démocratique, vit sur le fondement de textes régissant ses organes et son fonctionnement. Les décisions d'exclusion et de réadmission d'un membre obéissent donc à des procédures juridiques internes qui font appel à l'autorité des organes compétents. Sur ce fondement, la prévalence de la seule volonté de la personne physique du chef dans le retour de Idrissa Seck au sein de l'exécutif du parti épouse les contours d'une voie de fait.

Nous n'allons donc pas nous attarder sur cette analyse de la raison d'Etat mais notre interrogation consiste à savoir si le jeu en valait vraiment la chandelle pour ériger le pays en république bananière juste pour des questions de pouvoir et d'intérêts personnels. Cette légèreté est inacceptable dans une république digne de ce nom en ce 21ème siècle.

Ce que l'on peut enfin retenir dans cette manœuvre, c'est la déception et l'agacement du peuple confus qui n'a pas eu droit au respect. Une affaire publique, puisqu'il est bien question de détournements de biens publics, est gérée comme une affaire privée qui ne regarde personne d'autre que les deux hommes. Cette attitude est révélatrice d'une crise morale qui affecte la responsabilité du pouvoir. Or le principe de responsabilité même du pouvoir est inhérent au constitutionnalisme démocratique et résulte impérativement de ce type d'organisation politique c'est-à-dire que le pouvoir d'un organe implique nécessairement la responsabilité de cet organe.

Chapitre VII

La démocratie sénégalaise face à de nouveaux défis

> Lorsqu'un écureuil récolte des glands et les enterre un peu partout, il ne pense qu'à se ménager des réserves pour l'hiver. C'est un égoïste. Mais son égoïsme peut s'avérer utile à la communauté des écureuils et plus généralement à beaucoup d'autres espèces. L'écureuil oubliera quelques glands, certains germeront et ainsi la forêt se propagera.
>
> **Robert Axelrod**[64]

Nous avons souligné les maux dont souffre le paysage politique sénégalais et ce, en évoquant la crise des partis politiques, la crise des valeurs, la prolifération des partis personnels, le danger de l'oligarque démagogue, l'influence de l'intérêt personnel et en particulier de l'argent sur la société, le danger du pouvoir occulte, bref. Il est donc de notre devoir de poser maintenant le débat sur la réforme institutionnelle, sur toutes ces questions soulevées et sur un ensemble de valeurs républicaines, laïques et civiques.

En effet, au moment où le Sénégal est appelé à jouer un rôle de premier plan dans la consolidation de la démocratie en Afrique de l'Ouest surtout avec la crise politique que traverse la Côte-d'Ivoire, son système démocratique est malheureusement bousculé et fragilisé dans ses équilibres par le développement du clientélisme politique, des dérives populistes et surtout de l'enracinement de la pensée unique

---

[64] *Comment réussir dans un monde d'égoïstes. Théorie du comportement coopératif*, Odile Jacob, 2006.
Robert Axelrod est chercheur en science politique de l'université du Michigan.

sous le gouvernement de Wade. Du coup, c'est même la cohésion nationale qui se trouve elle-même menacée avec d'un côté, une parti du peuple uni et de l'autre, le pouvoir et ses souteneurs quasiment considérés comme des ennemis du « peuple d'en bas ». Il y a enfin un troisième camp qui ne fait pas partie des deux autres : celui de politiques errants en quête perpétuelle de profits personnels et qui n'ont ni la confiance de leurs adversaires politiques au pouvoir ni celle du peuple qui les traite de « traîtres ». Mais dans cette situation, au-delà de la responsabilité individuelle de chaque citoyen, il appartient au pouvoir public et politique de fonder une société à partir d'une communauté organique. Il est de la responsabilité de l'Etat de garantir l'ordre, l'éducation et d'être l'agent social du peuple dans toute sa diversité ethnoculturelle et idéologique. La responsabilité individuelle de chaque citoyen ne suffit pas : il faut une accumulation de tous les changements individuels pour avoir un impact sur les agissements des politiciens. Pour que ce pouvoir populaire émerge, il est indispensable que tous les changements puissent être communiqués et qu'ils soient propagés pour arriver à favoriser une boule de neige. C'est ce que nous appelons ici une prise de conscience collective pour la défense et la sauvegarde du patrimoine commun qu'est la nation. Et cette prise de conscience n'est rien d'autre que l'exacerbation d'un sentiment national indispensable pour faire vivre une réelle cohésion nationale. Seul ce consensus fédérateur mobilisant toutes les énergies et les intelligences peut construire une conscience démocratique.

I. Nécessité d'une réflexion sur le rôle et la responsabilité des médias dans la consolidation de la démocratie

Les médias prennent une place grandissante dans la relation des évènements et des faits, dans la formation et la représentation des opinions, dans la médiation entre responsables et opinion. Ils sacrifient parfois à la sélection de l'instant, à la recherche des réactions instantanées et spectaculaires[65].

Le développement de la presse privée a permis aux médias, dès les élections municipales, régionales et rurales de 1996, de démocratiser le système électoral au Sénégal et ce, pour avoir contribué à couvrir en direct par radio, le scrutin. Ce fut à l'époque la radio Sud Fm qui a eu à jouer un rôle prépondérant dans la couverture médiatique de ces élections. Pionnière, elle ainsi montré la voie à plusieurs autres organes de presse dont Walfadjri lors des élections législatives de 1998 et la présidentielle de 2000. En étant le porte-parole des sans-voix, cette presse a grandement contribué dans son rôle de veille et de sensibilisation des populations sur les questions relatives à la citoyenneté et à la vie publique, à l'avancée démocratique qui a conduit à l'aboutissement d'une première alternance politique en mars 2000. Les médias privés, dans leur mission d'information et d'éducation ont beaucoup œuvré pour la conscientisation des populations par rapport à l'Etat et à sa politique, par rapport à leurs droits et devoirs, par rapport à l'enjeu d'une élection et de la nécessité d'une démarche citoyenne qui se caractérise par un appel au vote massif surtout de la part des jeunes.

C'est d'ailleurs conscient de l'importance de ces médias que le candidat Wade, dès sa sortie du bureau de vote s'est adressé à tous les Sénégalais en direct et sur toutes les

---

[65] *Les enjeux de la démocratie*. Résolutions de la CFDT, Paris.

radios privées : « *N'acceptez pas que les résultats de cette élection soient manipulés ou truqués. Soyez les sentinelles de la démocratie!* »[66]. Certes, le rôle de la presse est d'informer de la manière la plus honnête possible et non de s'impliquer dans un processus quelconque, mais les journalistes des médias privés, de manière non intentionnelle, ont effectivement joué le rôle de sentinelle de la démocratie lors des présidentielles du 19 mars 2000. Par souci de transparence et de clarté, ils ont assuré une véritable fonction de supervision du processus électoral. Cette présence des médias dans ces élections met en exergue l'engagement politique des journalistes pour le respect des principes élémentaires de la démocratie.

Aussi, faut-il rappeler que si la presse privée s'est employée à cette tâche, c'est parce que d'une part, au Sénégal, depuis plusieurs années, les élections ont été souvent entachées par des fraudes massives et par de nombreuses irrégularités et d'autre part, en envoyant pour la première fois dans l'histoire du pays Abdou Diouf au second tour de la présidentielle, le peuple sénégalais a voulu, par la même occasion, affirmer sa profonde aspiration au changement. Donc en essayant de défendre la sincérité du scrutin, les journalistes ne faisaient que répondre aux aspirations du peuple.[67]

Toutefois, la même presse connaît beaucoup de dérives aujourd'hui. *Les journalistes se prennent aujourd'hui trop la tête*, diront certains. En effet, la passion avec laquelle les médias privés traitent l'information publique est alarmante. Un responsable politique qui disait qu'il y a trop de liberté de presse au Sénégal n'a sans doute pas tort car de nos jours, il y a réellement un laisser-aller et une grande confusion dans le traitement de l'information en tendant à

---

[66]Mamadou Ndiaye, *Le rôle des médias privés dans la réalisation de l'alternance politique au Sénégal*, Mémoire du Diplôme Universitaire de Recherche, Université Michel Montaigne, Bordeaux 3, 2002.
[67] Mamadou Ndiaye, op.cit.

vouloir se transformer en de véritables acteurs politiques. Mais le vrai problème réside plutôt sur la question de déontologie et de professionnalisation de ce métier. Le président Wade, dans les colonnes d'un organe de presse français, évoquait ce manque de professionnalisation de la presse sénégalaise. Les gens lui en ont voulu mais il n'avait pas totalement tort. Cela ne veut pas dire qu'il manque de grands journalistes dans le pays, loin de là. Bien au contraire et quoi que l'on dise, le Sénégal est une référence dans le milieu journalistique africain. Mais le seul problème c'est que pratiquement tous les grands journalistes n'écrivent plus. Ils deviennent soit des conseillers en communication dans des institutions publiques ou internationales soit ils sont patrons d'organes de presse privée. Du coup, la majorité de ceux qui écrivent sont des pigistes ou des journalistes pas du tout expérimentés. Seuls quelques uns sauvent encore l'honneur. Or certains sujets mériteraient une analyse approfondie d'experts en la matière. Qu'on se le dise donc, les médias ont pour rôle de contribuer à la formation de l'opinion publique, faisant partie intégrante de la définition moderne de la démocratie. En outre, le lien entre information, opinion publique et système de gouvernement, a été mis en lumière bien avant l'apparition des concepts modernes fondateurs de la démocratie. Aristote, déjà, insistait sur le rôle de l'opinion publique comme élément de soutien du pouvoir politique. Mais comme le souligne Roland Cayrol dans son ouvrage *Médias et démocratie. La dérive*[68], « *le lien entre médias et pouvoir a été singulièrement renforcé par la naissance de la démocratie, la conquête du suffrage universel, l'apparition de la presse de masse. Le gouvernement du peuple supposant le contrôle permanent de l'exercice du pouvoir par l'opinion publique, les médias constituent*

---

[68] In les Presses de Sciences Po, 1997.

donc à l'évidence le moyen le plus efficace d'information et de formation de cette opinion publique ». Ce qui fait dire encore à Roland Cayrol « *qu'il n'y a dès lors de démocratie vivante que si l'information est libre et pluraliste et si la communication s'effectue bien et dans les deux sens, entre gouvernants et gouvernés* ». Aujourd'hui, le système médiatique sénégalais chavire, s'abandonnant à des dérapages et dérives incontrôlés de beaucoup de « journalistes » qui ignorent les normes éthiques et professionnelles de leur métier, au-delà de la question de formation qui se pose. Un jour sur le plateau de la chaine 2Stv, un ex-animateur de Walfadjri se bombait le torse lors d'une émission *Show Tout Chaud* à laquelle il était invité aux fins d'apporter des éclaircissements sur un incident qui lui a valu son poste, en disant qu'il est un grand journaliste car il est issu d'une famille griotte et qu'il n'avait aucunement besoin d'intégrer une école de formation en journalisme pour pouvoir exercer ce métier. Lui pourtant qui n'a que le niveau de terminale ! N'est-ce pas une grosse illusion ? Le grand problème dans le paysage médiatique sénégalais, c'est qu'en dehors même du fait que beaucoup de prétendus journalistes n'aient pas reçu de formation appropriée, mais même en ce qui concerne ceux qui sont sortis des écoles de journalisme, bon nombre d'entre eux manquent de compétences techniques dans leur domaine. Nous ne comprenons pas comment un journaliste, initialement étudiant en lettres ou en langues, après un DUEL[69]1 ou DUEL 2 tout au plus, pourrait, après deux années de formation au CESTI ou dans une école de journalisme, devenir un chef de desk économie, ou politique par exemple alors qu'il n'a aucune formation dans ce domaine. Et donc, il est bien temps de revoir la copie du système pour mieux diagnostiquer le mal qui gangrène la presse sénégalaise et participe à mettre à mal

---

[69] DUEL : diplôme universitaire d'études littéraires.

la démocratie. Il faut en effet proposer des solutions nécessaires aux débats publics sur le rôle de l'information dans un système démocratique. Certes, d'aucuns nous diront que de tels débats, il y en a toujours eu et que des textes régissant la réglementation éthique et déontologique du métier existent mais il faut reconnaître qu'on perd assez souvent trop de temps sur les débats autour de ces questions de déontologie et d'éthique alors que la solution essentielle se trouve ailleurs. Même si ces débats sont incontournables, en revanche, nous pensons que la crise qui secoue le milieu de la presse tire ses failles du manque de professionnalisme de beaucoup de journalistes. Il ne faut pas réduire cette question de professionnalisme au simple respect de l'éthique et de la déontologie du métier. Le plus important, c'est la formation elle-même et c'est cette réflexion de fond qu'il faut mener pour former des journalistes aptes à exercer convenablement leur métier. Il faut qu'on accepte une chose au Sénégal : on n'est pas forcément journaliste parce qu'on travaille dans un groupe de presse ou à la radio. Un animateur de télévision ou à la radio n'est pas un journaliste. Même un pigiste n'est pas forcément un journaliste et l'on ne doit donc pas confier à des gens qui n'ont pas une formation appropriée, des sujets techniques auxquels ils ne sauraient être à la hauteur. Qu'on se le dise, celui qui veut faire du journalisme doit nécessairement suivre une formation, pas simplement une banale formation classique mais il faut une bonne maîtrise du domaine d'expertise dans lequel on est appelé à exercer. L'on nous dira sans doute qu'on peut bien apprendre le journalisme sur le tas ; oui mais à condition que l'on ait des acquis universitaires déjà assez solides. Imaginons comme nous l'avons déjà maintes fois évoqué, un « journaliste » qui n'a que le baccalauréat ou même pas pour certains ou tout au plus un DUEL 1 ou 2, et qui fait ensuite une formation de niveau bac+2 en communication ou journalisme classique. Comment ce dernier peut-il, sur la base d'une simple formation classique de 2 ans en journalisme, maîtriser l'actualité économique par exemple au point de se faire nommer chef du desk économie ? Que l'on ne nous dise surtout pas que les quelques modules de cours dispensés au cours de sa formation suffisent alors qu'il n'a jamais fait d'études en économie. Même remarque pour les autres domaines, que ce soient la science politique, la diplomatie et les relations internationales, la culture, etc. Il y a donc une nécessité de revoir le niveau et le système de recrutement au concours d'entrée au CESTI. Cette exigence doit également être respectée dans les écoles privées de formation. Compte tenu des exigences du métier, il serait idéal que le niveau requis remonte au minimum à la Licence ou Maîtrise. De plus, le concours doit être spécialisé c'est-à-dire que les candidats devront impérativement, au-delà des épreuves de tronc commun en culture générale par exemple, subir des épreuves dans les domaines spécifiques où ils souhaiteraient évoluer et ce, que ce soit dans le domaine de l'économie, de la science politique et juridique, etc.

Mais au-delà du problème de formation, se pose également la question de légèreté dans l'exercice de cette profession. C'est en Afrique – et pas au Sénégal seulement, où on voit des journalistes "à-tout-faire". Dans le domaine sportif, ils sont par exemple à la fois consultants, reporters sportifs en football, en basket, en lutte, etc. Etonnant non ? Nous avons du mal à croire que ces gens aient une formation adéquate dans tous ces domaines où chacun d'eux a une spécificité.

Enfin, le troisième et dernier point qu'il faut souligner dans cette « crise de compétences » qui secoue le milieu de la presse au Sénégal se trouve au niveau de la direction de la presse elle-même. Ce n'est pas parce qu'on a de l'argent et qu'on a créé un groupe de presse qu'on doit obligatoirement prendre la direction de l'entreprise alors qu'on ne connaît pas grand-chose du métier. Un organe de presse doit être dirigé par quelqu'un qui a des compétences dans le domaine et qui est censé apporter son expertise à la bonne marche de son organe et cela ne s'improvise pas.

II. L'exigence d'une démocratie sociale

Les conditions qui peuvent améliorer la construction d'opinions structurées existent à travers l'émergence de nouveaux besoins sociaux, la nécessité à plus de liberté et d'autonomie, l'exigence de justice sociale[70]. La place de celle-ci n'est pas encore totalement acquise en Afrique de manière générale. Ces dernières années au Sénégal, vu les multiples mouvements de grèves surtout dans le domaine de l'enseignement, il y a une exigence de faire évoluer le dialogue social car la démocratie sociale est l'un des piliers fondamentaux de la stabilité et de la cohésion sociales.

En effet, il nous semble que les enjeux de transformation de la société requièrent une triple exigence : d'une part, un rôle accru de la démocratie sociale, d'autre part, un renforcement du dialogue social, mais aussi une refondation de la légitimité des partenaires sociaux.

Le pouvoir a souvent tendance à considérer que la démocratie sociale est concurrente de la démocratie politique, or il est plutôt dangereux dans cette démarche de mettre la démocratie sociale en concurrence avec la démocratie politique. Bien au contraire, la démocratie sociale s'appuie simplement sur les équilibres qui se mettent en place entre la loi et la négociation.

Cette force de démocratie sociale ne se réduit pas aux partenaires sociaux et ce n'est pas non plus l'addition de la représentation de tous les particularismes présents dans la société. Toutefois, l'Etat sénégalais n'a pas totalement tort de se méfier des structures syndicales qui,

---

[70] CFDT, op.cit.

malheureusement semblent fausser le jeu de ces équilibres car par-delà l'influence des contextes de règles sur les conditions de l'exercice démocratique, le débat sur la démocratie sociale au Sénégal renvoie à de lourdes ambiguïtés. En effet, si hantée que soit l'image que l'on se fasse du Sénégal dans le maillon démocratique en Afrique, son authenticité exige qu'elle n'exclue pas les Sénégalais. Or, vu ce qui se passe depuis l'arrivée du président Wade au pouvoir, le risque c'est que très vite, après que le peuple l'a laissé disposer du pouvoir démocratique le 19 mars 2000, celui-ci semble confisqué comme un jouet qui menace d'être dangereux, s'il ne l'est pas déjà. Le président Wade et ses alliés doivent pourtant comprendre que l'union entre une démocratie consciente des impératifs nationaux et un Etat perméable aux exigences du peuple est indispensable. Quelle que soit son intelligence, le président Wade, sauf par illusion, ne porte pas une auréole d'ange sur sa tête pour prétendre prendre la place de tous les Sénégalais et savoir ce qui est mieux pour eux sans les impliquer dans les décisions les concernant. La bonne gouvernance ne peut être autre chose que la volonté du Sénégal exprimée par les Sénégalais eux-mêmes car, comme on le dit toujours, chaque individu ou chaque peuple est le meilleur expert de ce qu'il vit.

Ce qui se passe en effet dans ce pays assez singulier est hallucinant eu égard à la trajectoire politique du président Wade qui avait suscité tant d'espoir au peuple sénégalais après la victoire démocratique du 19 mars 2000. Le tripatouillage de la Constitution et la manipulation des institutions de la république que nous évoquions plus haut ainsi que le refus de la prise en compte de l'opinion nationale n'est rien d'autre qu'une dictature. Une dictature qui cherche simplement à se faire passer pour une démocratie. Le président Wade a en effet eu conscience au lendemain de son élection, eu égard à la maturité politique et démocratique du peuple sénégalais encadré par sa presse privée, qu'il n'avait pas droit à l'erreur sous peine d'être, à son tour, sanctionné. Il le savait plus que tout le monde qu'il n'était pas élu sur la base d'un programme puisqu'il n'en avait pas. En vérité, le peuple sénégalais n'avait pas élu un candidat le 19 mars 2000 mais il avait plutôt sanctionné un autre et en l'occurrence le candidat socialiste sortant Abdou Diouf. Quiconque aurait pu gagner ces élections s'il était à la place de Wade en tant que leader de l'opposition autour de qui s'est unie toute l'opposition significative. Nous pensons objectivement que le président Wade, grande bête politique qu'il est, a bien compris tout ce scénario. Oui, il a compris que pour durer au pouvoir sans être inquiété et pour exploiter le peuple sénégalais dans l'impunité, une touche de vernis de démocratie ferait alors l'affaire. C'est pourquoi, pour réussir son emprise autoritaire, (puisqu'on sait que le cher président n'a aucun goût du partage du pouvoir !), il a ainsi cherché à obtenir facilement en 2001, l'adhésion de tous les citoyens à l'issue du référendum ; surtout qu'il bénéficiait encore d'un état de grâce. Mais il faut préciser que ce référendum, confondu à la présidentielle de l'année précédente, fut une sacrée bêtise tant pour le peuple que pour la classe politique qui n'avait encore rien saisi de la stratégie de manœuvre du tout nouveau président. L'opposition crie aujourd'hui au loup et pourtant c'est cette même opposition qui lui a octroyé toutes les prérogatives dont il dispose aujourd'hui pour faire ce qu'il veut. Le président Wade n'avait rien négligé dans le contenu de ce référendum car il avait mis en sa faveur tout ce qui aurait pu constituer aujourd'hui un obstacle démocratique dans ses agissements actuels. Même les indépendantistes casamançais ont été piégés dans cette manœuvre référendaire. En outre, l'ancien leader du MFDC, feu abbé Bertrand Diamacoune ayant accepté l'esprit du référendum, n'avait donc plus qu'à se plier et ranger ses armes de combat d'autant que l'un des points essentiels dudit référendum stipule que le Sénégal est bien une nation une et indivisible. Le président Wade demanda ainsi à la France un soutien logistique en armement pour préserver la sécurité nationale. Un signal qui n'a pas échappé aux irrédentistes casamançais qui ont vite compris que c'était un avertissement : demander l'indépendance dans une nation une et indivisible n'est rien d'autre qu'un trouble à l'ordre public. Et de la provocation aussi.

En effet, par un jeu de mots, l'on pourrait assimiler la démocratie sénégalaise à une sorte de « démocrature » au travers de laquelle tout ou presque est équilibré : atteintes aux libertés (surtout à l'endroit des journalistes pour les faire taire), répressions dosées (à l'endroit des élèves, étudiants et syndicats) puis enfin, gratification en biens matériels (avec l'achat des consciences et le clientélisme politique pour tuer l'opposition) afin d'inhiber tout soulèvement populaire en bloc. C'est ainsi que Me Wade n'hésite jamais à mettre la main à la poche, à défaut de trouver au(x) plaignant(s) une place au soleil, pour le (les) faire taire. Les Sénégalais l'ont bien compris dans ce jeu et finalement, le malheur est que l'on ne fait que promouvoir le culte de la médiocrité et du gain facile. Jamais le pays n'avait connu dans l'histoire, autant de drames relatifs à l'immolation par le feu. On a même vu des citoyens qui vont « s'agripper » aux grilles du palais parce qu'ils veulent rencontrer le président. D'autres improvisent des marches de plusieurs centaines de kilomètres pour venir féliciter le président-messie. Certains se livrent encore à des grèves de la faim ou menacent de se suicider s'ils ne sont pas reçus par Wade ! Nous rangeons dans le même ordre, toutes les nombreuses marches de protestation et de soutien qui ne cachent que des intérêts personnels. Et que devient finalement la république ? N'est-ce pas une république de façade où le civisme patriotique recule dans ce jeu de yoyo ? Mais l'une des nombreuses conséquences de cette situation, c'est que c'est le pouvoir en question qui perd son autorité. Le président Wade est victime de sa propre stratégie : en promouvant le clientélisme politique, il a perdu son autorité car en matière de rapports de force en politique, il est clair que c'est celui qui dit non qui est toujours le plus fort.

III. Renforcer les valeurs républicaines et laïques

Le politique et le religieux sont deux forces constitutives de tout ordre social. Par leurs interactions et les modalités de leur articulation, ils contribuent à modeler la hiérarchie des pouvoirs et des ressources. Dans son ouvrage classique *Anthropologie politique*[71], George Balandier rappelle combien est grande la parenté entre pouvoir et sacré, et que leur relation s'est distendue et a changé de forme mais n'a jamais été rompue. Les deux instances sont en effet constitutives de l'ordre que toute société sacralise comme le fondement nécessaire à sa sécurité, sa prospérité et sa durée. La puissance politique est la traduction et l'expression de cette volonté d'ordre dans le monde profane, et constitue le pendant de l'autorité spirituelle qui joue les mêmes fonctions dans l'univers de la transcendance. En outre, dans la définition et l'entretien de cet ordre, sacré et politique peuvent être à la fois concourants et concurrents. Ils fondent les grandes catégories de pensée et d'action et leur articulation exprime les principes caractéristiques et la cohésion du système social. « *C'est la possibilité de constituer une totalité organisée, une culture et une société, que les hommes rêvèrent à travers les gardiens du sacré et les*

---

[71]G. Balandier, *Anthropologie politique*, Paris, PUF, (1967) 1984, p. 117.

dépositaires du pouvoir. »[72]. Cette relation entre politique et sacré est conservatrice puisqu'elle consacre l'existant, mais elle est aussi dynamique car elle se recompose en permanence en fonction des poussées d'entropie et refoule ou assimile tous les facteurs de transformation. Elle est à la fois collaboration et compétition, le sacré pouvant conforter les dirigeants, les rappeler aux devoirs de leurs charges ou être utilisé comme une ressource pour les contester. Seulement, notre inquiétude est que la politisation de la religion constitue une réelle menace pour l'avenir du pays si l'on n'y prend pas garde. Certes, les chefs religieux sont des citoyens comme tout le monde. Ils ont des besoins comme tout le monde. Ils ont donc, comme tout le monde, leurs mots à dire. Mais nous pensons tout de même qu'ils ne doivent pas confondre la mosquée avec le palais et les institutions de la république. Accepter une telle attitude serait donc actionner une bombe à retardement qui explosera forcément un jour. Le vrai danger du Sénégal aujourd'hui, c'est que l'élite religieuse profite de sa situation de privilégiée pour imposer son aura dans le champ politique. Et en réalité, le pouvoir politique sénégalais a perdu son autorité devant les prétendus chefs religieux qui, de façon indirecte, conditionnent les décisions publiques. Ne pas pointer du doigt avec courage ce danger qui se profile à l'horizon en refusant de dénoncer l'attitude hypocrite de certains religieux qui se couvrent du manteau de marabout pour se permettre n'importe quoi et se prendre pour des demi-dieux de la république, rendrait coupable tout citoyen dont le premier devoir patriotique est de contribuer à la préservation de la paix et de la stabilité sociales, vecteur de tout développement d'une nation.

En outre, au regard des attitudes de la classe politique vis-à-vis des chefs religieux, l'on se demande s'ils savent

---

[72] Georges Balandier, op.cit.

réellement le danger qu'ils font courir à la république ! Et au-delà, ils empoisonnent leur propre vin. En entendant le Premier ministre Souleymane Ndéné Ndiaye sur les antennes de la RTS[73] dire que « *les chefs religieux sont les porte-voix des sans-voix* », c'est désolant ! Considérer en effet les marabouts comme les porte-voix des sans-voix serait synonyme de leur octroyer le statut qui les dévierait de leur mission d'éducateur moral. Ce jeu, beaucoup de prétendus marabouts l'ont d'ailleurs compris et utilisent leurs talibés pour faire du chantage aux hommes politiques lors des élections. Ils profitent ainsi de ce « pouvoir » pour faire leur propre loi.

Il faut donc comprendre ici que cette analyse radicale de la place de la religion et du politique en régime démocratique n'a pas pour but d'invalider les attributs de la religion dans le champ politique mais tout simplement de questionner la portée et la signification de celle-ci dans l'action politique. Notre intention face à ces positions tranchées est en effet d'essayer de poser le problème avec le maximum de détachement possible en sériant les différents aspects sur la base des faits non en tant qu'ils auraient dû être mais tels qu'ils se sont produits dans les relations entre les deux courants ces dernières années au Sénégal. Toutefois, force est de préciser que notre analyse ne consiste pas ici à dénoncer simplement les attitudes des uns et des autres mais à essayer de dégager les enjeux en cause dans les différentes attitudes concernant la relation entre les pouvoirs politique et religieux et donc de promouvoir une meilleure intelligibilité du sujet et de dépasser, dans la mesure du possible, les stéréotypes responsables en grande partie des anathèmes si souvent proférées les uns et les autres.

Certes, dans le monde antique, religion et politique ne se dissociaient pas : les dieux étaient ceux de la Cité,

---

[73] Journal télévisé du lundi 18 mars 2009.

ceux d'un peuple, exceptionnellement un seul Dieu. Le domaine de la religion et de la politique est le même : donner du sens à la vie des hommes, créer un collectif. Pourtant, la modernité paraît vouloir la séparation du religieux et du politique, et la croyance devenant de nos jours une affaire privée. Car par ces interactions constantes entre religion et politique, l'élément religieux, en se mobilisant pour conforter l'ordre établi, ne se sépare pas souvent d'autres combats enracinés dans des zones de coexistence pas toujours harmonieuse. Mieux, ces deux éléments complexes semblent même conflictuels de nos jours.

L'entrée en politique de certains « marabouts » et le caractère suspect de certains religieux tapis dans l'ombre, doit à cet effet soulever une grande inquiétude quant à l'avenir de la politique sénégalaise car le hooliganisme politique guette la république. Et d'ailleurs ce hooliganisme prend de plus en plus forme sous les yeux des autorités qui ne pipent pas mot. En effet, au su et au vu de tout le monde, un prétendu guide religieux bien impliqué en politique dispose d'une milice chargée non seulement de veiller sur sa sécurité mais aussi de traquer les « faux musulmans » (comme si eux, étaient les bons !) et de corriger tout journaliste qui s'attaquerait à leur guide. L'Etat le sait mais laisse faire. Cette même milice avait été chargée en 1998 d'aller régler le compte avec les rebelles du MFDC en Casamance. Retranchée dans le quartier Lyndiane à Ziguinchor, « l'armée » de cette secte se livrait à des actes de violences et de terrorisme qu'on attribuait à tort aux rebelles. Il fallut une opération combinée de la police, de la gendarmerie et de l'armée pour la démanteler. Les forces de l'ordre y feront des découvertes impressionnantes : munitions, mines anti-personnelles, étuis d'obus dont disposaient ces soldats religieux. N'y a-t-il pas là déjà une raison de s'inquiéter de l'avenir du pays lorsque des citoyens se permettent de telles dérives et qu'ils restent impunis ? Des scènes inqualifiables se sont même produites dans ce pays singulier où certains citoyens font leur propre loi. A Thiès, un corps a été exhumé parce que le défunt fut accusé d'homosexualité. Il a fallu à sa famille l'enterrer auprès de son domicile car le cimetière lui a été interdit. Dans la même ville, des *taalibe* ont tabassé à mort un jeune garçon d'une vingtaine d'années parce que ce dernier a eu le tort de bavarder avec sa copine à côté de leur « *dahira*[74] ». Et pour ce qui concerne le jugement de ces *taalibe* criminels, la justice les a purement et simplement relaxés. Mais on connaît la raison : l'influence de la classe maraboutique sur le pouvoir et donc à la fois sur l'Exécutif et le Judiciaire. Beaucoup de citoyens qui se plaignent tout bas, n'hésitent pas reconnaître avec regret l'emprise de la classe maraboutique sur le pouvoir politique. En vérité, la complicité du pouvoir politique sénégalais avec la classe maraboutique cache un danger qui pourrait un jour miner la cohésion nationale du pays si l'on n'y prend pas garde. Il faut oser poser ce débat car il y va de l'avenir de la république. Les agissements de certains marabouts nous laissent très honnêtement perplexes et pessimistes quant à l'avenir du Sénégal. Cette inquiétude est d'autant plus grande que le silence des autorités publiques et politiques du pays révèle l'irresponsabilité du pouvoir devant le danger qui guette la république. Dans un article de Walfadjri publié le 22 juin 2009, le journal révèle la rupture de *Serigne Massamba*[75] avec le président Wade et pour cause, parce que les forces de l'ordre ont osé défier ses *taalibe* sur le campus de l'université Cheikh Anta Diop. En pleine période des examens, comment des *taalibe*[76], fussent-ils étudiants, peuvent-ils se permettre de déranger leurs camarades en

---

[74] Lieu de culte.
[75] Nom d'emprunt
[76] Disciples

pleines révisions et ce, en chantant toute la nuit ? Le campus universitaire n'est tout de même pas un *dahira*[77] et une dose de civisme aurait pu dissuader ces fauteurs de troubles de leur mauvaise foi ! En réaction à cet article, un compatriote sous couvert de l'anonymat a posté un commentaire sur seneweb.com le même jour et que nous nous proposons de reprendre intégralement sans modifier même une virgule : « *Samedi 4 juillet 2009 : Les taalibe remettront Un milliard de francs comme "Hadiya" à Serigne Massamba. Les auditeurs de la radio (…) ont entendu, le vendredi 12 juin, un communiqué dans la rubrique publicité exhortant les taalibe de Serigne Massamba à collecter la somme (…) de francs à remettre au marabout le (…). L'annonceur insiste sur ces mots : le Grand Serigne a dit que quiconque voit Serigne Massamba ira au paradis, quiconque le connaît ira au paradis et tout ce que vous faîtes pour lui, vous le faites pour Grand Serigne. Devant de tels propos, il est normal qu'on se pose des questions. Est-ce vraiment Grand Serigne qui a dit cela ? En présence de qui ? Dans quel sens ? Dans les Livres de Dieu, il n'est dit d'aucun prophète ou Saint que quiconque le voit, ira au Paradis. Mais les Sénégalais sont sans doute au-dessus de toutes les créatures. D'aucuns avancent que Grand Serigne est Dieu. Tout le monde l'entend, personne ne pipe mot. Pourtant, Grand Serigne a bien écrit : 'Je ne suis qu'un humble serviteur de Dieu et du Prophète et maudits soient ceux qui ne me prendront pas pour tel.' A-t-on entendu un marabout répéter ces paroles pour rappeler les fanatiques à l'ordre ? Il semble qu'on préfère la mystification qui déifie nos marabouts et plonge les croyants crédules dans une ignorance totale. Serigne Massamba se contente d'expliquer que Grand Serigne était Khalife et une partie de ce qui était dans Grand Serigne est en lui). Donc, il serait Grand Serigne,*

---

[77] Lieu où on enseigne le coran.

pour ne pas dire Dieu. Mais ce qui est troublant, c'est le rapport entre la sainteté et l'argent. Nous avons, il y a quelques années de cela, entendu Serigne Massamba déclarer que celui qui n'a pas (...) francs à lui donner n'est pas son taalibe. Aucun chef religieux n'avait réagi. Dans mon ignorance, je croyais qu'il voulait dire : 'Celui qui ne connaît pas le Coran par cœur ou celui qui ne peut pas réciter 50 sourates(...)' Peu de personnes osent en parler, mais l'indignation gagne les populations. Massamba empêche des familles de dormir du sommeil du juste. Des jeunes plaquent leurs études et coupent les ponts avec leurs parents pour entrer dans le cercle béni de ses disciples où il scelle des mariages avec sept "Grand Serigne" et ce, à l'insu des parents des jeunes. Sommes-nous toujours dans l'Islam et la Sunna du Prophète (Psl) ou est-ce de l'innovation ? Que les savants nous éclairent, nous en avons grand besoin. Il faut le reconnaître, certains marabouts n'ont plus de disciples à qui ils montrent le chemin vers Dieu, mais des armées qui tuent et saccagent en toute impunité, des soldats prêts à se ruer sur tout ce qui risque d'éveiller les consciences, comme si Islam était synonyme de terrorisme, d'obscurantisme et d'exploitation des soumis. (Je m'attends déjà à des insultes et menaces.) En ces moments si difficiles, comment un homme de Dieu peut-il empocher un milliard de francs de ses taalibe démunis qui voient en lui un sauveur ? Si les billets de banque le fascinent tant, qu'il en fasse tomber du ciel car il doit en avoir le pouvoir, lui, le Dieu sur terre que nous avons vu danser lors d'un meeting politique, l'homme qui aurait quatre millions d'électeurs sous ses ordres. Ou alors, il n'a qu'à se présenter aux élections présidentielles et il sera élu dès le premier tour. D'Adam à nos jours, tous les prophètes et Saints ont eu des préoccupations autres que les biens matériels de ce bas monde. En tout cas, s'il est vrai qu'il suffit de voir Serigne Massamba pour aller au paradis, jetons nos chapelets, brûlons nos exemplaires du Coran, transformons nos mosquées en discothèques et allons regarder le messie 'made in Sénégal'. Que Dieu me pardonne parce que je ne sais pas ! Le "baatin" est trop profond pour les ignares comme moi ». Hélas ! L'on peut se passer de commentaire et on ne peut que s'émouvoir en lisant ces lignes. Il est donc temps que l'Etat sorte enfin de son mutisme irresponsable pour faire vivre l'égalité des droits mais aussi des devoirs à tous les citoyens, à commencer du président de la république au citoyen lambda vivant dans un coin reculé du pays. Sinon, gare à la multiplication de telles dérives car c'est la république qui en prendra de sérieux coups.

Nos illustres marabouts à l'image des Cheikh Omar Foutiyou Tall, Seydina Issa Laye, Cheikh Ahmadou Bamba, El Hadj Malick Sy et bien d'autres encore, jouaient le rôle d'éducateurs moraux. Grâce à eux, le Sénégal a su jusqu'ici éviter le pire de la bêtise humaine qui secoue les autres pays d'Afrique, à commencer par nos voisins. Mais cette mission dont leurs prédécesseurs devraient assurer la continuité et la pérennité semble de plus en plus trahie. Et aujourd'hui, le respect jadis voué à la classe maraboutique s'effrite. Et d'ailleurs comment respecterait-on un marabout qui n'hésite pas à exhiber des pas de danse devant ses *taalibe* au cours des meetings politiques ? La différence entre ces « nouveaux marabouts » et nos illustres hommes de lumières ci-haut cités, c'est que ces derniers accordaient peu d'importance au monde matériel et prônaient surtout un monde de paix, de justice sociale et de dialogue. Ce qui est loin d'être le cas pour une grande partie de cette nouvelle génération de « marabouts ».

Les religions ont certes un rôle social et moral à jouer, mais elles doivent s'abstenir d'imposer leurs conceptions dans le champ politique. En outre, la légitimité démocratique impose le respect scrupuleux des droits des minorités (notamment confessionnelles) et la règle de l'alternance au pouvoir.

Mais il faut le reconnaître : ces valeurs démocratiques se situent dans un registre moral qui est loin d'être conforme à une certaine lecture de la transcendance et de la «volonté divine», telle qu'elle est soutenue par certains traditionalistes et fondamentalistes ; ces valeurs démocratiques se trouvent surtout en nette contradiction avec leur volonté de confusion des deux registres, politique et spirituel; leurs conceptions doivent donc évoluer pour se conformer à l'esprit et aux principes démocratiques. Or malheureusement, la confusion est quasiment totale à ce niveau au Sénégal surtout depuis l'arrivée du président Wade au pouvoir. La controverse est encore d'autant plus inquiétante que le président Wade dans ce jeu de yoyo politique/religion s'affiche complètement dans un camp. Ce qui du coup, enfreint les principes de la laïcité intrinsèquement liée d'une part, à la sécularisation des esprits et des attitudes, des institutions et des gouvernements, des lois et du droit, et d'autre part, au pluralisme démocratique et à un Etat garant des libertés et des droits de l'homme. L'interprétation qui en est faite aujourd'hui et les applications auxquelles elle donne lieu n'associe guère les idéaux de la démocratie. Elle peut être conçue comme un processus capable d'aboutir à la mise en place d'un système marqué avant tout par la neutralité de l'Etat. Neutralité qui garantit les droits et libertés ainsi que la reconnaissance de la diversité des croyances. Adossée aux réalités culturelles locales, elle peut favoriser une évolution des attitudes en direction d'un partage équitable, légitime et non conflictuel des sphères. En effet, si la grande mosquée de Dakar et la grande Cathédrale ont été construites, c'est justement pour permettre la neutralité de l'institution étatique dans une république qui se dit non seulement laïque mais aussi à confréries multiples. Que l'on nous dise que le président de la république a le droit de choisir sa confession ou sa confrérie est bien une évidence. En revanche, que l'on sache aussi qu'être président c'est représenter toute la diversité tant sur le plan ethnique, culturel que religieux du pays et c'est donc une responsabilité énorme que doit assumer celui ou celle qui est à la tête de l'Etat. D'aucuns auront beau reprocher aux prédécesseurs de Me Wade tous les pêchés capitaux dans la gestion du pays pendant les quarante années de gouvernance socialiste, mais la vertu voudrait bien qu'on leur reconnaisse un mérite : le sens du dépassement et la conscience qu'avaient Senghor et Diouf sur la responsabilité d'un président dans le jeu de la cohésion nationale. Le président Wade ne se rend pas compte qu'un président est une institution et lorsque lui, Me Wade, va se prosterner et s'asseoir par terre devant un marabout, c'est de facto toute la république qui s'est prosternée. Le président de la république doit savoir dégager une image positive de son pays car tout manquement se retourne contre la république elle-même. A ce sujet, deux paramètres nous paraissent fondamentaux : d'une part il faut l'incarnation de la personnalité du chef de l'Etat qui doit porter des valeurs qui reflètent l'image de la république et d'autre part, il faut une efficacité de la communication politique qui consolide donc la parole aux valeurs et aux concepts vecteurs de la cohésion nationale mais aussi reflets de l'image de la nation. Tous les pêchés capitaux du pouvoir de l'alternance résident donc sur ce dernier aspect. Le vrai problème du gouvernement de Me Wade vient en effet de l'inefficacité de la communication. Ça parle dans tous les sens et n'importe comment. Or la communication politique est essentielle dans la relation gouvernants/gouvernés mais aussi dans la consolidation de la cohésion nationale. Lorsqu'elle n'est pas efficace, elle peut même conduire, au-delà de l'inefficacité du pouvoir, à la désunion et au désamour du peuple. Il faut réfléchir au rôle essentiel de la communication politique, véritable moteur de la démocratie. *La communication politique ce n'est ni les paillettes, ni le marketing, ni la publicité. C'est au contraire l'espace symbolique, constitué par le jeu des acteurs politiques, des médias, de l'opinion publique, et la circulation de leur discours. Pas de démocratie avec un grand nombre d'acteurs, le suffrage universel, beaucoup d'informations, de médias, de sondages, sans une réflexion sur le rôle essentiel de ce triangle de la communication politique. Son risque ? Se refermer, perdre le contact avec la réalité, rétrécir le jeu politique*[78]. Et d'ailleurs, si le système démocratique sénégalais souffre d'une certaine incohérence, c'est largement en partie dû à la mauvaise communication politique du gouvernement et du président de la république en question. Lorsqu'elle est mal faite, il faut reconnaître que cette communication politique-là, peut non seulement être source de tensions politiques dans un pays mais aussi, elle peut même conduire à l'affaissement de la citoyenneté. Il n'est pas faux de dire que c'est le cas du Sénégal d'aujourd'hui sinon, il n'en est pas loin. Depuis l'affaire de corruption du fonctionnaire du FMI, Alex Segura jusqu'à la fameuse polémique ayant suscité beaucoup d'indignation au sujet des propos tenus par le président Wade à l'endroit de la communauté chrétienne, le gouvernement à su reconnaître ses faiblesses sur ce volet mais pour autant, la solution à cette grosse faille est loin d'être trouvée tant qu'on continue à parler dans tous les sens au sein du gouvernement et que le président lui-même improvise des discours sur des sujets qu'il ne maîtrise pas. La politique exige aujourd'hui du professionnalisme et ne peut plus continuer à être considéré comme un marché comme c'est malheureusement encore le cas dans bon nombre de pays africains. Lorsqu'un Farba Senghor se permet au nom de nous ne savons qui, de parler de la crise casamançaise par la voix du gouvernement alors qu'il n'est

---

[78] Dominique Wolton est directeur de recherche au CNRS et responsable de la revue *Hermès*.

sans doute même pas capable de situer géographiquement cette région sur la carte du Sénégal, alors il y a vraiment de quoi se faire des soucis quant à la préservation de la cohésion nationale. La solution, avons-nous dit, dans ce bordel politique, ne viendra pas de la « pléthorisation » du gouvernement lorsque chaque fois qu'une grande bourde est commise, on nomme un ministère chargé de la question concernée ou on crée une agence nationale pour cette fin. Par exemple, la nomination d'un ministre chargé des affaires religieuses et ce, à la suite de la bourde du président sur la communauté chrétienne, n'a absolument pas de sens. Le vrai problème, c'est que le président Wade doit simplement comprendre qu'une parole présidentielle est précieuse et incarnant l'image d'une institution, le président de la république ne peut s'exprimer comme n'importe quel citoyen lambda. D'où la nécessité pour lui d'être entouré d'experts en communication et de conseillers capables de cerner efficacement toutes les questions relatives aux grands enjeux politiques, économiques, socioculturels tant sur le plan national qu'international.

En outre, les diverses opérations d'instrumentalisation des référents théologiques et les monopoles étatiques du champ religieux tout comme les discours politiques qui empruntent souvent le langage religieux, engendrent assez souvent la violence. Le résultat est finalement doublement néfaste : le champ religieux ne parvient à obtenir aucune autonomie réelle et le champ politique demeure fermé au pluralisme démocratique. Nous n'avons pas besoin de nous attarder sur la recherche de preuves justifiant de telles hypothèses car l'histoire récente du Sénégal montre que c'est depuis l'implication des religieux dans la chose politique que la violence (verbale comme physique) commence à prendre peu à peu des tournures inquiétantes. Le paradoxe est que les soi-disant *taalibe* des marabouts politiciens refusent les débats contradictoires or leurs leaders politico-religieux ne sauraient en aucun cas être ni au-dessus de la loi, ni être des messies de la république. Des journalistes et d'autres paisibles citoyens ont été tabassés et/ou menacés de mort pour avoir eu simplement le courage de critiquer ou de dénoncer les attitudes de certains marabouts politiciens.

Mais il y a aussi un autre cas encore plus dangereux : le caractère de suspicion qui divise les différentes confréries religieuses dans cette course aux profits personnels ; chacune d'elles voulant se faire passer pour la plus influente. A chaque célébration du *Magal* ou du *Gamou*, l'Etat est obligé de céder face à la volonté des uns et des autres parce que ce pouvoir politique-là est malheureusement pris en otage par les différentes confréries. Chacune d'elles peut se permettre aujourd'hui de réclamer ce qu'elle veut et de fustiger l'attitude du gouvernement quand celle-ci ne tourne pas en sa faveur. Seule l'église catholique continue de jouer réellement son rôle de régulateur et de maintien de l'ordre moral qui se trouve être une condition sine qua non pour la stabilité sociale et le développement économique d'une nation.

Prenons l'exemple de cette confrérie qui refuse l'école publique dans toute l'agglomération de la ville « sainte ». Pourtant aucun homme politique, à commencer par le président de la république, n'ose élever la voix pour dénoncer ce caractère antirépublicain. Qu'est-ce que cette ville a de particulier par rapport aux autres villes « saintes » du pays ? L'école publique peut-elle réellement nuire à la pratique religieuse ? Et si les autres guides religieux interdisaient à leur tour l'école publique ? Que deviendrait alors la république ? Refuser de regarder cette réalité en face, c'est se constituer partie civile pour une tentative de destitution des valeurs de la république. Et il est encore temps que les Sénégalais, de toutes obédiences confrériques, se positionnent clairement devant ces questions si nous voulons tous ensemble éviter à ce

Sénégal les déchirures sociales qui font le lot des misères humaines en Afrique. Mais enfin, comment la société ou une partie de la société, peut-elle respecter les bonnes règles si ceux qui dirigent le pays font tout et n'importe quoi sans aucune considération à l'endroit de ce même peuple ? Il faut reconnaître une chose aujourd'hui : l'anarchie et le "je-m'en-foutisme" se sont érigés en règles avec ce pouvoir dit de l'alternance. Pour exemple parmi tant d'autres scandales à n'en plus finir depuis 2000, le geste des « *taalibe* » qui ont saccagé les locaux du groupe de presse Walfadjri - tout simplement parce que le journal a cité leur marabout dans une chronique critiquant le pouvoir – est pourtant une moindre dérive par rapport à l'affaire « Segura » où l'Etat a fait montre « d'insolence » pour le moins qu'on puisse dire car c'est l'image de toute une république qui est tombée bas dans cette histoire de mallette contenant une valeur de 133.000 euros destinés au fonctionnaire de l'ONU en guise de « cadeau » à la fin de sa mission. Comment un Etat peut se permettre une telle légèreté ? Et encore que pour se justifier, le Premier ministre trouve tout simplement ce geste indigne, de normal car conforme à notre tradition. Selon lui, « *il ne s'agissait pas pour le gouvernement de le corrompre. Nous avons simplement cherché à aider quelqu'un à acheter des cadeaux pour ses parents, parce qu'il venait de quitter le Sénégal après un séjour de 3 ans. Il allait rejoindre les siens et on a voulu lui permettre d'acheter des cadeaux, et puis, l'affaire a été appréciée diversement* ». Et le Premier ministre de poursuivre « *Figurez-vous, 100 000 euros, ce n'est rien. Vous ne pouvez même pas vous payer un appartement. Vous pouvez juste vous payer quelques objets, des habits, refaire votre équipement et puis c'est tout* ». Et pour le Premier ministre, « *il faut dédramatiser l'affaire car c'est bien une tradition de chez nous* ».[79]

---

[79] APS du 26 octobre 2009.

Hélas, pour Souleymane Ndéné Ndiaye, 100 000 euros ce n'est rien puisqu'au Sénégal, on ne parle maintenant que de milliards dans un pays où pourtant, le citoyen lambda vit avec moins d'un dollar par jour ! Et comme le ridicule ne tue pas, selon les termes d'un internaute dans Seneweb.com, le président de la république lui-même se montrera encore plus maladroit dans ses explications. Selon Me Wade « *Monsieur Segura n'était pas l'ami du Sénégal. Il a été le plus souvent dur même sur ses appréciations. Il n'y avait pas de raison de lui offrir un cadeau important. Mais selon nos traditions, lorsque quelqu'un qui est resté longtemps chez nous, nous quitte, on lui offre un cadeau, soit en nature soit en une modeste somme d'argent pour lui permettre d'acheter lui-même ses souvenirs pour sa famille. Après avoir présenté ses adieux, l'Aide de Camp a demandé au président de la république s'il fallait lui donner quelque chose, comme de coutume. Le président de la république a répondu oui sans préciser la somme, car il y avait une pratique. L'Aide de Camp s'est trompé sur la somme et s'est aperçu par la suite de son erreur. (…). C'est ce que j'ai expliqué à Monsieur Dominique Strauss-Kahn lors de notre entretien téléphonique du mardi 20 octobre 2009 à 19h34 GMT. J'ai admis qu'il y avait là une erreur de l'Aide de Camp. Monsieur Dominique Strauss-Kahn pourrait le confirmer* ». Quel Sénégalais doit appeler DSK pour la confirmation ou l'infirmation de ces propos ? Un internaute sénégalais réagissant à ces propos sur Seneweb.com qualifiera cette affaire de théâtrale. Selon lui, « *les dramaturges ont là une formidable source pour alimenter leurs pièces de théâtre. Ce serait une parfaite réconciliation du réel avec le surréel. Les pratiques auxquelles nous assistons au Sénégal depuis l'avènement de Wade auraient pu naguère être considérées comme de l'irréel et de l'invraisemblable. Wade et compagnies ont au moins le mérite de nous démontrer que la frontière entre l'imaginable et l'inimaginable est très ténue. (...) ».* Et un autre internaute sans doute écœuré de se demander « *où est la justice sénégalaise ? Où est l'opposition ?, la société civile ?, où sont les organisations patati et patata ? Avons-nous vraiment un Etat ?* ». Il faut franchement respecter les Sénégalais ! Donner 133 000 euros à quelqu'un qui n'en a pas besoin et encore qu'il n'en a pas le droit et ce, au moment où le pays traverse une crise sans précédent avec les populations des banlieues de la capitale et d'autres zones du pays qui vivent sous les inondations des eaux de pluie ; des enfants qui ne vont pas à l'école dans certains quartiers à cause de leurs écoles dévastées par les eaux, etc., nous paraît à vrai dire, aberrant. Que pouvait-on lui offrir de plus beau qu'un tableau avec une femme portant un bébé au dos et en train de piler du mil – symbole d'une Afrique dynamique ?, ou des hommes avec leurs charrues ou *dabas* en train de labourer leurs champs ? Un tel cadeau, non seulement, ne coûterait rien au contribuable mais en plus, il symboliserait la vitalité de l'Afrique et la bravoure des Africains ! Et comme nous l'évoquions plus haut, tout cela n'est pas anormal aux yeux du Premier ministre et de son gouvernement. Mais là où l'insulte est quand même grossière, c'est le fait que ledit Premier ministre minimise l'incident en parlant de petit geste symbolique conforme à nos traditions. C'est tout simplement un manque de respect à l'endroit du pauvre contribuable. C'est dire aujourd'hui qu'au Sénégal, ça va dans tous les sens et ce n'est donc pas étonnant que des nervis s'attaquent à d'honnêtes citoyens ou détruisent les biens publics ou privés sans être inquiétés dans la mesure où l'autorité censée faire appliquer la loi n'est elle-même pas un exemple. Nous avons donc intérêt à changer d'approche si nous voulons réellement embarquer dans les wagons du progrès. En outre, lorsque l'ancien président sénégalais Senghor avait prononcé la fameuse phrase « *l'émotion est nègre et la raison est Hélène* », ce propos lui avait valu tous les noms d'oiseaux. Et pourtant, c'est encore dans cette contrée du monde où l'on voit un gouvernement, même pour recevoir un petit cadeau offert par un pays étranger, organiser de grandes festivités où l'argent est dépensé sans compter. Au final, les dépenses dépassent la valeur du cadeau offert. Dans la même foulée d'exemples, un disciple est prêt à tout donner à son chef religieux alors que lui-même et les siens meurent de faim. Le citoyen lambda quant à lui, se permettra au cours d'une cérémonie, d'offrir ostentatoirement des billets de banque à un griot, une somme qu'il a sans doute empruntée ou escroquée auprès d'un brave citoyen et ce, pour ensuite se retrouver dans la dèche. Et toutes ces attitudes se reproduisent jusqu'au sommet de l'Etat comme c'est le cas du fameux « cadeau » d'une mallette remplie de billets de banque et destinée au représentant du FMI. Une affaire qui n'est, bien entendu, pas un cas isolé d'autant plus que le gouvernement en question avoue publiquement que cette pratique est une tradition. Le citoyen lambda lui-même, qui ne se rend même pas compte qu'il aura à payer cher, tous les deniers publics qui sont dilapidés ici-et-là, ne verra pas non plus d'inconvénient dans ces pratiques et comportements. C'est donc finalement un problème de mentalité qu'il faut nécessairement révolutionner car notre destin en dépend. On nous répétera toujours que nous avons notre coutume, notre tradition et notre culture, nous sommes bien d'accord qu'aucun peuple ne peut avoir autre chose de plus essentiel qu'une culture qui est le fondement de son identité. En revanche, faut-il au nom et aux dépens de cette culture, continuer à reproduire des choses qui n'ont plus cours en ces temps modernes et qui constituent même un frein au progrès de la société ? L'idéal dans ce débat relatif à la révolution culturelle sur laquelle nous insistons, consiste en effet à situer la place de notre tradition dans la société moderne qui est en pleine mutation socioculturelle. Il est du devoir de chacun de nous, hommes comme femmes, jeunes comme adultes et vieux, de se positionner très clairement sur les grandes questions qui interpellent le devenir de la nation et du continent africain dans son ensemble et ce, afin d'y apporter des réponses justes. Il ne sert à rien, sous le couvert de ladite tradition, de commettre des actes honteux et à la limite humiliants pour tout le monde, pour ensuite se comporter comme une jeune épouse d'un vieux mari qui ne pense de bonne heure qu'à choisir celui qui lui essuiera les larmes de veuve comme c'est le cas avec cette honteuse tentative de corruption dite « affaire Alex Segura » où le président Wade tente de se faire essuyer les larmes de honte par son Aide de Camp. Mais que l'on se comprenne, cette nécessaire révolution culturelle ne veut toutefois pas dire renoncement à nos valeurs, à notre tradition dont nous devons dans tous les cas être fiers. Un philosophe précisait à ce sujet en ces termes : « *Entendez bien, notre pensée n'est qu'une continuelle commémoration. Esope, Socrate, Jésus, sont dans toutes nos pensées ; d'autres montent peu à peu dans le ciel des hommes (…). Il n'y a point de pensée nationale ; nous pensons en plus grande compagnie. Cette société n'est point à faire, elle se fait ; elle accroît le trésor de sagesse* ». C'est de cela qu'il faut répondre. Ce qui est une responsabilité de chacun de nous dans le devenir de notre nation. C'est à chacun de nous de choisir ce qu'elle (ou il) ne fera pas de ce qui est légué par l'histoire, d'en sélectionner telle ou telle partie, pour la cultiver encore. A ce titre, Jacques Derrida dans son ouvrage « *Des héritages et du rythme* » in Echographies, Paris, Galilée, 1996, disait d'ailleurs*:* « *Que nous soyons héritiers de part en part ne signifie pas que le passé nous dicte quoique ce soit. Il y a certes une injonction qui vient du passé. Il n'y a pas une injonction qui vienne d'un certain passé comme à venir. Mais cette injonction passée nous met en demeure de répondre maintenant, de choisir, de sélectionner, de critiquer* ». A chacun de juger !

IV. Promouvoir la démocratie plurielle et culturelle

À l'aube des indépendances, les autorités politiques du Sénégal, dans leur discours déclaraient ne pas vouloir faire passer le projet de construction de la nation à travers une seule langue nationale. Pour éviter de paraître accorder plus de faveurs à l'une des langues nationales, l'Etat a véhiculé son discours d'unité nationale, à travers le Français, langue officielle du Sénégal. Ce choix porté sur la langue française permettait en même temps à l'Etat sénégalais d'éviter de construire la nation dans une sorte de *Tour de Babel* où chacun s'exprimerait dans sa propre langue. Pour contourner ce piège, c'est en effet le Français qui joue le rôle de fédérateur. Ainsi que dans une moindre mesure le Wolof. *"Étrange est cette démocratie où les textes, les lois et les institutions sont écrits dans une langue (le Français) que la majorité des citoyens ne peut lire ni comprendre. Etrange est également ce jeu démocratique où pendant la campagne électorale tous les candidats font recours au Wolof et qui, une fois élus, légifèrent et gouvernent en Français. Etrange est également cette administration où le Wolof est parlé à tous les niveaux et toutes les circonstances, malgré le statut officiel du Français. Toutes ces pratiques discursives et d'autres encore, manifestent les contradictions et les profondes ambiguïtés de la réalité linguistique du Sénégal"*[80]. Peut-on parler encore de l'existence d'une nation sénégalaise ? Même si elle paraît provocatrice, cette question mérite tout de même d'être posée au regard des

---

[80] Mahomed Habib Kébé, *La République et ses langues*, Texte lu à l'occasion du colloque consacré à « Langues et littératures en Afrique francophone : pour quelle stratégie de cohabitation ? », cité par Abraham Ehemba, in « *armée et nation* », mémoire de DEA en géopolitique, Institut Français de géopolitique, université Paris 8 Vincennes, 2005

querelles, économiques et politiques mais aussi de la « concurrence déloyale » entre les différentes confréries musulmanes, qui minent le Sénégal. Et d'ailleurs, ce concept de nation disparaît de plus en plus dans le vocabulaire des politiques en lieu et place de la république. Or cette perte de sens de l'Etat-nation conduit davantage au déclin de la démocratie culturelle. En outre, la critique peut faire mal mais force est de reconnaître qu'aujourd'hui, la démocratie culturelle sénégalaise n'est pas à l'image de la richesse ethnoculturelle du pays. Cette démocratie culturelle, il faut l'admettre, est minée par des lobbies économiques et communautaires qui ne disent pas leurs noms. La démocratie n'est pas seulement politico-institutionnelle. Elle est plus largement la reconnaissance et le respect de l'autre dans sa différence socioculturelle, ethnique, raciale, religieuse, politique, des projets de vie et de société. C'est l'acceptation du caractère hétérogène et composite de la population dans laquelle on vit et l'adaptation à la coexistence d'une pluralité de valeurs et de choix possibles[81]. En outre, toute société démocratique doit être celle qui considère la diversité comme une source de richesse et qui arrive en conséquence à ajuster et à intégrer tous les éléments variés en son sein, tout en encourageant la tolérance mutuelle[82].

En 2002, une vive polémique a éclaté au Sénégal à la suite d'un propos tenu par le président de la république. Me Abdoulaye Wade avait en effet envisagé d'alphabétiser tous les fonctionnaires sénégalais en *Wolof*, la principale langue nationale du pays. Le refus manifeste des Sénégalais de suivre leur président, obligea ce dernier à envoyer aux médias un communiqué de précision. Sa reculade prouve au moins la sensibilité de la question.

---

[81] Extrait du texte de la Conférence épiscopale de Côte-d'Ivoire, 1999.
[82] *Démocratie et développement en Afrique de l'Ouest. Mythes ou réalité*. Sous la direction d'Elisabeth Anan-Yao, Dakar, 2005.

Cette page de l'histoire du Sénégal est un rejet manifeste du monolinguisme. Les Sénégalais ont prouvé à cette occasion qu'ils sont prêts à tout pour défendre leur langue maternelle, véhicule de civilisation et de culture. C'est ce qui explique cette condamnation presque unanime des Sénégalais surtout ceux qui voient d'un mauvais œil l'invasion de la langue wolof qui devait bénéficier, si la volonté du chef de l'Etat était devenue réalité, d'un statut d'unique langue nationale. Ce qui serait en même temps contraire aux valeurs d'un pays qui a fait le choix du multilinguisme[83].

La diversité linguistique qui caractérise le Sénégal pose pourtant des enjeux et des risques graves pour la vie individuelle et collective de la nation. Ainsi, le Français apparaît comme l'unique matériau capable de cimenter tous les différents groupes ethnolinguistiques du Sénégal. Cependant, depuis les années 80, le Sénégal, pour moderniser son système éducatif, a voulu accorder une plus grande place aux langues nationales. L'Etat cherche en effet à introduire les langues nationales à l'école, ce qui, pour le moment n'a qu'un caractère symbolique. En outre, le résultat reste pour le moment nul car, aucune langue nationale n'a réussi à s'imposer comme le Français. Dans les universités par exemple, c'est en première année seulement que les étudiants ont le choix entre les différentes langues nationales. La preuve de la négligence des langues nationales se trouve dans la banalisation de celles-ci.

C'est finalement dans la rue que les langues prennent leur revanche. En effet, la richesse ethnolinguistique du Sénégal est pourtant un lourd fardeau et un casse-tête. Car, seules sept langues ont le qualificatif de langue nationale. Les autres, même si elles sont reconnues et même si elles

---

[83] Abraham Ehemba, *Armée et nation*, mémoire de DEA géopolitique, IFG, Paris 8, 2005.

sont codifiées, n'occupent que les seconds rôles dans la hiérarchie. D'ailleurs, c'est finalement le Français qui joue le principal rôle dans les administrations. Rien n'est fait pour éviter cette domination du Français mais aussi du Wolof qui est la langue des échanges commerciaux. Les autres langues nationales devaient pourtant être toutes en même temps les véhicules d'une politique culturelle, sociale et économique ; ce qui éviterait la domination de l'une d'entre elles. Cette domination comme c'est le cas présentement avec le Wolof, crée des conflits et des résistances car, toute langue véhicule des valeurs et des croyances.

En effet, c'est le premier président du Sénégal Léopold Sédar Senghor qui apporta une caution officielle au Wolof en s'adressant souvent à la nation en Wolof. Partout où il a pris la parole et pour mieux toucher le cœur des Sénégalais, le poète Senghor va s'adresser à la population en Wolof, une langue parlée dans presque toutes les couches de la société sénégalaise. Senghor n'a fait que perpétuer une vieille tradition qui remonte un peu plus loin, à l'époque où les premiers hommes politiques sénégalais comme Blaise Diagne faisaient leur campagne politique en Wolof. Les successeurs de Senghor, Abdou Diouf comme Abdoulaye Wade (qui arrivera au pouvoir grâce, entre autre, à son cri de ralliement *Sopi* qui signifie en Wolof changement), trouveront ainsi une légitimité en s'adressant la plupart du temps au pays en Wolof. Tout comme avant eux l'ont fait, Blaise Diagne, le premier député noir à l'Assemblée française mais aussi les politiciens métis de Saint-Louis. D'ailleurs, pour arriver à la fonction de chef de l'Etat, tout homme politique sénégalais doit, selon une loi non écrite, parler Wolof.

La constitution sénégalaise précise à ce sujet en son article 28 que *"tout candidat à la Présidence de la république doit être exclusivement de nationalité sénégalaise, jouir de ses droits civils et politiques, être âgé de 35 ans au moins le jour du scrutin. Il doit savoir écrire, lire et parler couramment la langue officielle"*. Tous les candidats savent, même si la Constitution ne le dit pas, qu'il faut aussi parler le Wolof pour toucher le maximum de Sénégalais. *"Lors de l'ouverture d'une campagne électorale, il n'est pas un leader politique, et ils proviennent pourtant de tous les groupes ethniques, qui n'utilise le Wolof pour s'adresser aux populations."*[84] Cette légitimation de la langue wolof a ainsi créé une loi de fait, qui veut que ceux qui ne parlent pas Wolof ou qui ne sont pas issus de cette ethnie, ne puissent jamais diriger le pays. Du coup, tous les candidats sont obligés de se soumettre à l'exercice d'apprendre le Wolof s'ils ne le comprenaient pas. On l'a connu avec le fils du président Karim Wade qui, lorsqu'il est entré en politique en affichant ses ambitions présidentielles, le seul tort que lui reprochent beaucoup de Sénégalais, c'est qu'il ne parle pas Wolof et par conséquent, de l'avis de certains, il est hors de question pour lui, de rêver ! Durant la campagne électorale de la présidentielle de 2007, même le candidat Robert Sagna qu'on n'entendait presque jamais s'exprimer en Wolof, fut obligé de se livrer à l'exercice pendant ses meetings ; - on imagine son vocabulaire qui faisait rire plus d'un, mais l'exercice était incontournable.

Cette domination du Wolof sur la vie politique ne fait que raviver les rivalités qui se transforment souvent en une sorte de mépris même si la fracture ethnolinguistique n'apparaît pas encore au grand jour. Mais il faut l'admettre, cette situation peut dépasser même le cadre des simples blagues.

Dans le contexte actuel, les choses sont telles qu'il sera difficile désormais pour tout candidat, ne maîtrisant pas

---

[84]Makhtar Diouf, *Sénégal, les ethnies et la nation*, op.cit., p.67, cité par Abraham Ehemba, op.cit.

parfaitement le Wolof, d'accéder à la magistrature suprême. Le dire, équivaudrait à de l'anticonformisme. C'est en effet un sujet tabou au Sénégal où personne, au nom de la paix entre les ethnies, n'ose parler de ce genre de sujet. Pourtant, le risque, voire le mal existe car, de temps en temps, les membres des autres ethnies vivent mal cette domination du Wolof. Plusieurs exemples se sont répétées au cours de certains évènements – surtout politiques. C'est ainsi qu'en 2006, lorsque Macky Sall était encore Premier ministre, un grand cafouillage avait eu lieu dans la salle au cours d'une rencontre avec les Sénégalais de la Diaspora à Paris car, les Toucouleurs exigèrent ce jour, que la communication fût faite en *Alpular*, tout simplement parce que l'ex-Premier ministre est un des leurs. Attitude qui n'avait pas manqué de frustrer certains compatriotes qui criaient même au « racisme ».

V. Incarner une opposition responsable

Tout homme qui décidait alors de se mêler des affaires publiques jouait sa vie. [...] À notre avis, il était aussi dangereux d'être un brigand de grands chemins qu'un éminent chef de l'opposition.

Thomas Hockin[85]

La dichotomie gouvernement-opposition est aussi ancienne que la démocratie politique elle-même. Dans la conception aristotélicienne du gouvernement d'Athènes, l'essence même de la souveraineté reposait sur les citoyens qui étaient en même temps gouvernants et gouvernés. Divers groupes de citoyens pouvaient se succéder au gouvernement et la minorité pouvait chercher à rallier la

---

[85] *The Role of the opposition in Britain's House of Commons: "three historical paradigms"*, Parliamentary Affairs, vol.25, 1971-1972, p.54

majorité à son point de vue par des moyens pacifiques (c'est-à-dire politiques). À l'ère de la politique de masse, la démocratie directe a été remplacée, à de rares exceptions près, par des gouvernements représentatifs élus périodiquement. L'élection donne lieu à une compétition qui est habituellement dominée par un petit nombre de partis politiques qui choisissent eux-mêmes leurs candidats et leurs chefs. La société libérale et démocratique moderne a cependant conservé le principe sacré exigeant que le gouvernement repose sur le consentement des gouvernés. Cela sous-entend, entre autres, que la minorité reconnaît à la majorité le droit de prendre des décisions, à condition que la majorité reconnaisse à son tour le droit de la minorité de différer d'opinion et de proposer d'autres lignes de conduite[86]. D'où l'intérêt de l'existence d'une opposition. Cette opposition politique véritable est un attribut nécessaire de la démocratie, de la tolérance, et de la confiance dans la capacité des citoyens de résoudre leurs divergences pacifiquement. L'existence d'une opposition, sans laquelle la politique cède la place à l'administration, est indispensable au fonctionnement des régimes politiques parlementaires.

En outre, le débat sur les rôles respectifs du gouvernement et de l'opposition ne date pas d'hier. De nos jours, toutefois, le développement des institutions et l'élargissement des activités de l'État ont tendance à paraître bien avancés à côté du « sous-développement » qui caractérise les contrôles législatifs sur le pouvoir exécutif. Cette constatation a permis de déceler les facteurs qui nuisent au bon fonctionnement des mécanismes d'équilibre dans les systèmes politiques démocratiques et a

---

[86] Gerald Schmitz, *L'opposition dans un régime parlementaire*, Division des affaires politiques et sociales canadiennes, décembre 1988.

donné lieu à de nombreuses propositions de réforme du pouvoir législatif[87]. En vérité, les faiblesses de notre démocratie s'expliquent en partie par des attitudes de l'opposition qui n'alimente pas de vrais débats idéologiques pour rester un réel contre-pouvoir. S'opposer ne signifie pas envahir les rues ou toujours regarder du mauvais œil tout ce qui bouge du côté du pouvoir même quand c'est positif. En effet, si la presse privée tombe aujourd'hui dans les pièges de la déontologie en prenant trop part aux débats politiques qui ne la concerne pas plutôt que de jouer le rôle d'informateur, et à la limite, d'analyse et de veille, c'est qu'en réalité c'est l'opposition qui trahit sa mission. Du coup, la presse a beau vouloir bien faire, elle finit par prendre la place de cette opposition et dévie de sa mission essentielle. On a l'impression qu'au Sénégal, le statut d'opposant est pour beaucoup, une chance de se faire une place au soleil. Idéale pour se faire entendre et sans doute pour accéder à certains privilèges, l'on ne milite dans l'opposition que pour des raisons de calculs politiciens et non pour des raisons idéologiques. Or un opposant n'a pas forcément vocation d'accéder au pouvoir. S'il y arrive, c'est tant mieux mais nous pensons plutôt que l'opposant est avant tout un vecteur stimulateur des débats sur les grands enjeux nationaux. Il est en un mot, la boîte à pensée idéologique. Dans ces circonstances, il devient capital, pour assurer la légitimité démocratique du système dans son ensemble, de préserver et de renforcer le rôle de l'opposition. Mais au Sénégal, l'un des rares opposants qui mérite un hommage solennel est bien Talla Sylla bien qu'étant l'un des plus jeunes de la classe politique actuelle peuplée de vieux « roublards ». Il faut reconnaître en cet homme la lucidité et la constance dans son combat. Et pourtant, pur produit « libéral », il aurait pu faire comme la quasi-totalité des « vautours » de la

---

[87] Georges Schmitz, op.cit

république : vendre sa dignité et transhumer au pouvoir pour y goûter aussi les délices. L'opposition sénégalaise, il faut le dire, s'est bien essoufflée depuis l'arrivée du président Wade au pouvoir. En bon stratège, les manœuvres politiques sont l'apanage du PDS et par conséquent, l'opposition, quant à elle, essoufflée par la longue course de résistance, assiste, impuissante, à la conduite des affaires que lui impose le pouvoir. Et le président Wade de dire avec ironie que cette opposition est une bande d'incapables qui ne lui arrivent pas à la cheville. En réalité, le boycott des élections législatives n'est qu'un signe de panne stratégique. Cette opposition a voulu se rattraper en organisant des assises nationales mais ce n'était que peine perdue car la guerre était perdue d'avance : on ne peut pas être absent dans les chambres parlementaires et vouloir constituer un contre-pouvoir dans les prises de décisions publiques ! Ce qu'il faut retenir, c'est que le rôle de l'opposition pourrait essentiellement se décliner en quatre missions fondamentales :

- une opposition qui s'oppose pour refuser des compromis de complaisance qui seraient en contradiction avec la volonté des gouvernés ;
- une opposition préoccupée des intérêts nationaux et qui porte donc les doléances du peuple ;
- une opposition garante de la démocratie et qui se doit de veiller au devoir de vigilance et d'alerte face à des actes et/ou des situations non conformes aux intérêts de la république ;
- et enfin une opposition qui soit une réelle force de propositions.

Ainsi, bien qu'on prétende aujourd'hui que le modèle classique du pouvoir est en voie de céder le pas à un système fondé sur les impératifs administratifs, la vigilance et l'efficacité de l'opposition parlementaire demeurent à jamais la meilleure garantie d'un bon gouvernement.

VI. Et si on parlait de la société civile ?

C'est au sein de la philosophie occidentale, discipline marquée par la recherche de l'ordre politique et social idéal, qu'ont été élaborées les principales réflexions relatives à la notion de société civile. Si cette dernière fut davantage l'objet de l'attention des philosophes à l'ère moderne, on peut retrouver un intérêt initial pour la société civile dès l'antiquité gréco-romaine.

Dans son éloge en faveur de la société civile lors du sommet de Davos en 1998, l'ex première dame des Etats-Unis d'Amérique, Hillary Clinton disait que « *le dynamisme de la société civile représentait comme le troisième d'un pied du tabouret, qui ne saurait tenir ni être stable avec seulement deux pieds, aussi robustes puissent-ils être* ». La lecture que nous faisons de cette anecdote, c'est que la démocratie ne repose pas seulement sur la liberté du marché et sur la Constitution républicaine mais aussi et surtout, elle repose également sur toutes sortes d'associations locales, libres et autonomes que les femmes et les hommes ont façonnées pour pouvoir vivre non seulement libres mais aussi ensemble. En d'autres termes comme le notait déjà Alexis de Tocqueville, « *un gouvernement ne saurait pas plus suffire à entretenir seul et à renouveler la circulation des sentiments et des idées chez un grand peuple, qu'à y conduire toutes les entreprises industrielles. Dès qu'il essaiera de sortir de la sphère politique pour se jeter dans cette nouvelle voie, il exercera, même sans le vouloir, une tyrannie impitoyable ; car ce gouvernement ne sait que dicter des règles précises ; il impose les sentiments et les idées qu'il favorise, et il est toujours malaisé de discerner ses conseils et ses ordres. Ce sera bien pis encore s'il se croit réellement intéresser à ce que rien ne remue. Il se tiendra alors immobile et se laissera appesantir par un sommeil volontaire. Il est donc nécessaire qu'il n'agisse pas seul. C'est la société civile qui, chez les peuples démocratiques, doit tenir lieu des particuliers puissants que l'égalité des conditions a fait disparaître. (…) »*[88]. En Afrique, la société civile a littéralement été « (re)découverte » à la faveur des transitions que la majorité des régimes africains ont expérimentées. Force a été de constater le rôle important joué par la société civile, à la fois dans la phase de libéralisation, avec la contrainte exercée sur les régimes autoritaires, mais aussi parfois dans la gestion de la phase de transition elle-même. Le politique et la gestion du pouvoir sont alors ouverts du fait de la désectorisation du jeu politique propre à ces institutions de fluidité[89]. La société civile est un concept qui reste très flou et ambivalent, ce qui le rend très peu opératoire faute de définition unitaire et précise. Cette idée, revenue à la mode ces dix dernières années, a en fait une longue histoire. Le terme même de société civile renvoie à des acceptions diverses : dans les théories de la société globale, la société civile est le groupement humain qui gère le bien commun, qui est à l'origine de l'État (Aristote, Hobbes, Locke, Rousseau) ou qui s'oppose à lui (Hegel et Marx), tandis que la conception de la société civile issue des théories des fonctions de l'idéologie dans les sociétés modernes (théoriciens du totalitarisme ou même Gramsci) représente une autre piste[90]. Le sens moderne du concept est attaché à

---

[88] Alexis de Tocqueville, op.cit.
[89] Thiriot, Céline, *Rôle de la société civile dans la transition et la consolidation démocratique en Afrique : éléments de réflexion à partir du cas du Mali*, Cairn revue internationale de politique comparée 2002 – 2 (Volume 9).
[90] Berger, G., *La société civile et son discours*, cité par Thiriot Cécile, op.cit.

un travail plus général de redéfinition de l'ensemble des rapports entre État et société civile. Il part de la définition de Gramsci pour qui la société civile correspond à *"l'ensemble des organismes vulgairement dits 'privés' […], ils correspondent à la fonction d'hégémonie que le groupe dominant exerce sur toute la société*[91]*"*. Parmi toutes les utilisations et conceptions de ce terme, il y aurait aujourd'hui un consensus de base sur la notion : *"la société civile, c'est la vie économique, sociale et culturelle des individus, des familles, des entreprises et des associations dans la mesure où elle se déroule en dehors de l'État et sans visée politique, en ignorant la double logique idéologique et de souveraineté de la vie politique, en recherchant, par contre, soit la satisfaction des besoins ou des intérêts matériels, soit le soin des autres, la convivialité, le bonheur privé, l'épanouissement intellectuel ou spirituel"*[92]. Aujourd'hui, l'exercice s'avère complexe de donner une définition ou de situer le statut de la société civile au Sénégal. Comme l'opposition, voire si elle ne se confond d'ailleurs pas à celle-ci, la société civile semble devenir de plus en plus un lieu de promotion de futurs cadres politiques. D'une manière ou d'une autre, ce cadre est pour beaucoup, le chemin qui mène vers l'obtention d'un poste politique. En outre, après l'alternance du 19 mars 2000, plusieurs groupes de pression se réclamant de la société civile se sont livrés à un véritable lobbying envers le pouvoir. Après plusieurs campagnes de dénigrements – sans doute pour se faire repérer par le « prince » Me Wade -, plusieurs de ces « personnalités » de la société civile ont fini par s'enrôler dans le bataillon du président et sont devenus les fous du roi. Du camp de critique, ils sont passés pour de véritables

---

[91] Gramsci A., Gramsci dans le texte, Paris, Editions sociales, 1977, cité par Thiriot Cécile, op.cit.
[92] Gramsci A., op.cit.

griots du pouvoir et plus particulièrement du président Wade. Si d'autres ont pu résister à la politique clientéliste du pouvoir, ils ont toutefois fini par céder au charme et au délice du pouvoir politique. C'est ainsi que nous avons enregistré plusieurs candidatures indépendantes provenant de la société civile aux élections locales du 22 mars 2009 à l'issue desquelles certains ont pu accéder aux fonctions politiques de maire ou de président de conseil régional ; ce qui paraît en vérité paradoxal dans le vrai rôle de la société civile dans le jeu démocratique. Notre regret est donc de constater que la société civile sénégalaise tend de plus en plus à être marchande car par le libre jeu des intérêts personnels, des besoins et des désirs de chacun, celle-ci favorise le profit et le bien-être de ses acteurs. C'est d'ailleurs ce que Bertrand Mandeville (1670 – 1733) illustrait déjà à la faveur de sa Fable des abeilles (1714) très justement sous-titrée « *Les vies privées font le bien public* ».

Prenant part aux élections locales de mai 2009 et assumant donc aujourd'hui des fonctions publiques territoriales, la société civile va avoir du mal à penser ses fondements dans l'action surplombante des institutions politiques. L'ambigüité la plus fondamentale dans ce contexte, va se situer dans le nouveau rapport entre le pouvoir politique et en l'occurrence l'Etat et cette société civile qui dirige certaines institutions locales (mairies, conseils régionaux et communautés rurales) car elle va incontestablement perdre sa fonction d'arbitrage politique.

Chapitre VIII

Un autre Sénégal est possible mais à condition de réinventer une nouvelle citoyenneté

Les hommes ne naissent pas citoyens, ils le deviennent.
Spinoza
Traité politique,
Chapitre V, 1925

Nous avons posé le débat sur l'état de notre démocratie. Le titre est lui-même évocateur. Nous considérons dans notre analyse que notre démocratie est en danger pour diverses raisons que nous avons évoquées. Cette démocratie croupit sous les assauts de la vie quotidienne des Sénégalais d'en bas. Elle ploie sous les déceptions de la pratique politicienne, des pressions « idéologiques » non démocratiques, des découragements du peuple, de sa lassitude, de sa confusion, bref, et enfin sans doute de son sentiment de fatalité qui le pousse à se replier sur lui-même et à regarder les choses se faire – même si une minorité repousse cette oisiveté forcée. En effet, dans le Sénégal d'aujourd'hui, s'il existe une profession discréditée et malmenée par les observateurs de tout acabit et surtout par la population, c'est sans équivoque celle du politicien. Le mépris de la population grandit de plus en plus à l'égard de l'élite politique à qui on reproche toujours de mentir, de faire de la politique par intérêt personnel ou, pire, dans le but de s'enrichir. Les nouveaux milliardaires du Sénégal sont des politiciens (surtout les privilégiés du pouvoir de Me Wade) sortis de nulle part et dont beaucoup n'avaient même jamais travaillé de leur vie avant d'accéder au pouvoir. On comprend donc aisément l'indignation des populations lorsqu'un individu, pour avoir été ministre en l'espace de quelques mois, affiche tous les signes extérieurs de richesse alors qu'avant d'acquérir « ce privilège », il quémandait sans doute de quoi payer son transport du jour en « car rapide ». Mais ce qu'il faut surtout retenir, c'est que cette indignation, au-delà du désintérêt pour la chose publique que cela provoque chez le citoyen lambda, est aussi le vecteur de l'exacerbation d'une citoyenneté naïve qui prend de plus en plus le dessus sur la citoyenneté active. Ce qui laisse davantage la liberté à nos élus de décider à notre place et de faire ce qu'ils veulent de notre vie comme cela a toujours été le cas : l'individualisme aujourd'hui est inquiétant et déstructure gravement les formes sociales les mieux établies qui faisaient du Sénégal, l'Eldorado « social » de l'Afrique de l'ouest. En vérité, le lien social se fissure davantage aujourd'hui au Sénégal. Il était de la responsabilité de la classe politique actuelle, comme l'a si bien réussi la première élite politique postindépendance, d'appliquer des politiques nationales dignes de ce nom pour le sauver. Mais frappés par la maladie du profit, les politiciens d'aujourd'hui comme nous le dénoncions, oublient les préoccupations du peuple qui ne sont que des slogans de campagne électorale. Que faut-il faire alors ? Sombrer dans l'exaspération et le désespoir qui conduisent indiscutablement à un sentiment de citoyenneté frustrée ou alors prendre les armes ou la rue pour combattre ce mal politique ? Pas vraiment. Ou rien de tout cela. S'il est vrai que la précarité est l'ennemie de la citoyenneté, nous devons toutefois nous projeter dans l'avenir et refuser la fatalité qui nous empêche de croire en la puissance de maîtriser notre propre destin ainsi que celui du pays. Force est de savoir que la chose la plus menaçante pour la citoyenneté, c'est le sentiment d'impuissance. Et donc, cette adresse aux Sénégalaises et aux Sénégalais, qu'ils soient salariés du privé, malades, pauvres, élèves, étudiants, fonctionnaires, enfants ou adultes, hommes ou femmes etc., est une invite à reforger une nouvelle citoyenneté qui nous permette de vivre une vie d'acteurs libres, aux choix éclairés, aux intérêts respectueux de l'intérêt général, aux projets soucieux de la solidarité nationale. Car c'est cette conscience citoyenne qui nous permettra de diagnostiquer, chacun en ce qui le concerne, des valeurs qu'il doit porter individuellement comme collectivement, sa citoyenneté afin d'être acteur au sein d'une société qui doit pouvoir compter sur ses membres pour faire face aux difficultés et avancer vers le progrès. La citoyenneté résulte des volontés opiniâtres et parfois même du courage et c'est par essence la participation de chacun à la construction des décisions publiques qui constitue le fondement même ou la qualité d'une démocratie. Toutefois, sans se leurrer, cette action citoyenne n'est possible que si les gouvernants acceptent de remettre les citoyens au cœur des décisions qui les concernent afin de construire ensemble avec eux, des politiques publiques qui répondent à leurs problèmes et à leurs espérances légitimes. En même temps, tout ne doit pas être mis sur le dos du pouvoir car nous le répétons maintes fois, tout ce qui arrive nationalement à la république découle en grande partie des comportements de la société quels que soient les motifs.

En guise de conclusion

Quel difficile exercice que de se prononcer sur un sujet comme la démocratie où les divergences pèsent plus lourd en termes d'approche et de conception que l'on s'en fait ! Mais nous avons été très clairs dès le départ : le livre ne fait pas le procès de Me Wade, ni celui du pouvoir en place et encore moins celui d'une quelconque organisation sociale. Ce que nous retenons de cette analyse, c'est que l'état de notre démocratie découle du comportement de notre propre société. Si notre démocratie semble trahie, ce n'est pas la faute d'une seule personne mais chacun de nous y a sa part de responsabilité :
- l'élite politique beaucoup plus préoccupée par des intérêts personnels mais aussi une élite en carence d'idéalisme ;
- l'élite intellectuelle qui renonce à sa fonction critique et ce, sans doute pour des raisons encore suspectes ;
- le peuple qui, par ignorance, par maladie de profits ou par fatalité selon le cas, se laisse gouverner les yeux fermés.

Voilà les grandes failles qu'il faut corriger pour soigner notre modèle démocratique. Nous avons évoqué le comportement de la société comme une des valeurs influant sur la démocratie. Comment donc révolutionner ces comportements ? Il faut sans doute l'exacerbation du sentiment national pour rendre aux citoyens la fierté d'être sénégalais. A partir de là donc, chacun prend conscience de la nécessité de diagnostiquer les valeurs qu'il doit porter aussi bien individuellement que collectivement. Ces valeurs, en dehors du cadre familial ou social, doivent être enseignées à l'école car c'est à partir de là que se concrétise véritablement la formation du citoyen.

Par ailleurs, même si le déclin des intellectuels et le renforcement corrélatif de l'influence des journalistes semblent aujourd'hui si évidents que les uns et les autres sont de plus en plus accusés d'avoir une responsabilité dans la monté des phénomènes que nous déplorons aujourd'hui dans la scène politique, force est tout de même de savoir, comme le souligne Michel Wieviorka [93] que « *le silence ou la crise des uns ne sont pas plus patents que l'influence pernicieuse des autres* ». Pour lui, « *la disparition de la figure de l'intellectuel engagé n'implique nullement celle d'autres figures qui interviennent dans le champ de la production et de la diffusion des idées et si les journalistes ont des responsabilités dans la façon dont ils fabriquent l'information, ils ne sont qu'accessoirement, ou faiblement, aux sources de la matière première dont ils assurent le traitement* ». Il faut donc dans ce cas, plus de réalisme dans la consolidation de la démocratie. Si la démocratie reste à conquérir, il s'agit de prime abord de définir les principes politiques qui fondent et permettent la vie de la Cité dans une parfaite harmonie. Il faut donc nécessairement réfléchir à la démocratie en elle-même et à ce qui la mine, l'affaiblit ou la limite. C'est pourquoi nous pensons que la tenue des Assises nationales par une partie de l'opposition et la société civile aurait pu être une belle occasion de relever certains défis si le pouvoir s'y était associé sans réserve.

En effet, depuis son arrivée au pouvoir, le président Wade s'est d'abord appuyé sur la promotion du populisme pour charmer le peuple. Son messianisme finalement démystifié, il ne lui reste plus alors qu'à s'enfermer et ce, dans un double passage : l'un politique, qui lui a fait exclure du social au détriment des attentes des Sénégalais et l'autre, manipulateur qui semble profiter de la lassitude et sans doute de la peur des Sénégalais pour prendre son entêtement pour de l'autorité.

---

[93] In *La démocratie à l'épreuve. Nationalisme, ethnicité et populisme*, éditions La Découverte, Paris, 1993.

Nous posions dès le début de cet ouvrage, l'interrogation sur la conception métaphysique qu'a le président Wade et ses compères africains du pouvoir. Et nous arrivons ici à la conclusion que la seule première thérapie possible pour panser la « puante plaie africaine » dans la gouvernance de nos Etats commencerait donc par la modification des rapports entre le gouvernement et le peuple. Dans le contexte précis de l'Afrique, certes, il serait quand même un peu déplacé de vouloir comparer le président Wade à certains dinosaures du continent, toutefois, il peut simplement être considéré comme le « meilleur des mauvais élèves ». Sans rentrer dans l'analyse psychologique ou psychiatrique, nous ne nous attarderons pas sur la recherche des motivations réelles du président Wade pour justifier ses agissements dans la gestion du pouvoir mais tout de même, notre conviction est que l'ex-messie du paysage politique sénégalais s'est lourdement trompé. Il s'est trompé en se comportant en Homme-dieu et en se croyant capable de faire du Sénégal ce qu'il veut. Il s'est trompé en croyant que tout le peuple le suivrait comme un berger avec ses moutons. Le peuple sénégalais sait bien sanctionner les « mensonges » et pour cela, les élections locales du 22 mars 2009 ont bien servi de preuve même si, bien entendu, nous n'avons pas donné une seule lecture à la vérité des urnes qui en a découlé. Malgré toutes les tentatives du PDS de mener une politique d'électorat utile c'est-à-dire en cherchant à phagocyter l'opposition et à séduire davantage ses militants avec la quasi-implication directe du président dans la campagne électorale des locales alors qu'il n'en avait pas du tout le droit, le pouvoir a été dans tous les cas, sanctionné. Notre démocratie a été trahie parce que le soleil qui s'est levé le 19 mars 2000, donnant l'espoir d'une bonne météo politique pour l'avenir du pays, a malheureusement très vite cédé à des comportements antirépublicains de la part des tenants du pouvoir qui ont vu leur accession au pouvoir comme une chance, voire une aubaine à saisir, plutôt que de s'évertuer à poursuivre le chantier démocratique et à donner l'espoir aux futures générations. Notre démocratie est trahie parce qu'elle va effectivement mal. Hissée à un haut sommet le 19 mars 2000 au moment où la grande Amérique « pataugeait » dans le litige électoral avec le comptage mécanique des bulletins de vote, cette démocratie est très vite tombée. Nous avons énuméré un certain nombre de mesures pour redonner le souffle au pacte républicain qui fait revivre la démocratie mais en tout état de cause, l'urgence n'est pas en tout cas de casser, de blesser ou de vilipender qui que ce soit car même si la responsabilité découle en premier ressort du pouvoir qui se doit de donner l'exemple, il va sans dire que tout découle pourtant du comportement de la société dans son ensemble. Et en conséquence, le vrai problème n'est pas de changer impérativement des têtes, mais de renouveler l'orientation politique, de proposer un autre chemin car le souhait de chaque peuple est toujours que son président trace un grand dessein qui fasse l'objet d'une dynamique citoyenne pour dégager un vrai projet de société conçu et mis en œuvre par et pour lui en l'occurrence le peuple. C'est ce qu'ont tenté les organisateurs des Assises nationales : instaurer un dialogue républicain et proposer une politique autrement. Seulement, certaines conclusions desdites assises nous paraissent toutefois impertinentes. En effet, dans l'une des grandes lignes de ces assises, l'on préconise que le président de la république ne soit plus issu d'un parti politique. Comme si la corruption vient des partis politiques. Non, elle vient des hommes eux-mêmes et par conséquent, proposer une telle démarche serait synonyme de méconnaissance des vrais problèmes politiques du pays. Certes, on n'aurait peut-être pas tort de craindre que le fait que le président de la république soit en même temps chef de parti soit effectivement source de conflit d'intérêt entre la cause nationale et la cause du parti. Si on s'en tient là, il y a bien une bonne raison de se justifier car la preuve en est que le pouvoir sénégalais en place n'a pas su distinguer les deux pôles « parti au pouvoir » et « pouvoir ». Le Sénégal sous Wade a été confondu au parti de Wade. Et pire d'ailleurs, les intérêts du parti priment sur ceux de la république. Nul besoin de revenir sur tous les sketches politiciens qui ont brillé en médiocrité civique dans le paysage politique sénégalais. Point besoin également de revenir sur l'attitude des parlementaires qui voient leur mission comme étant celle de la défense des intérêts du PDS et surtout de son chef le président Wade. Résoudre donc cette crise morale au sein de l'élite politique ne saurait simplement trouver la solution en élisant un président indépendant des partis politiques. Non ! *Il convient simplement de donner un nouveau visage à la politique sénégalaise. Un visage qui n'est pas réduit à mal jouer la politique, un visage qui interdit de faire de notre pays un théâtre de déchirures politiques. Un visage qui autorise les différences (ethniques, confrériques et religieuses). Une politique fondée sur la raison, la responsabilité et le réel désir de vivre ensemble une nouvelle ère. Enfin une réalité qui renvoie à l'attitude des opérateurs politiques et donc à la raison, à la responsabilité pour le seul intérêt de la république*[94].

---

[94] Lire Toumany Mendy, *Politique et Puissance de l'argent au Sénégal, les désarrois d'un peuple innocent*, l'Harmattan, 2006.

Après-dire

Mais enfin...

I. Ce que je crois

> Comme avant d'élever un grand édifice, l'architecte observe et sonde le sol pour voir s'il peut soutenir le poids, le sage instituteur ne commence pas par rédiger de bonnes lois en elles-mêmes, mais il examine auparavant si le peuple auquel il les prédestine est propre à les supporter.
> **Jean-Jacques Rousseau**[95]

Que peut-on vraiment retenir, au-delà de notre conclusion ? Il y a bien autre chose à dire encore! En outre, le débat sur la démocratie, la liberté et la dignité humaine pour ne citer que ces valeurs, ne date pas d'aujourd'hui. Même s'il est toujours d'actualité, il remonte toutefois aux civilisations anciennes et date d'Hérodote, d'Aristote, de Platon, de Xénophon, de Polybe et de Cicéron, lesquels grands penseurs ont écrit des pages mémorables sur les lois et les Constitutions réelles ou imaginées (d'Athènes, de Lacédémone, de Crète, de Carthage, de Rome...) sur la classification et la typologie des régimes politiques, les diverses formes de gouvernement, les rapports entre les pouvoirs (législatif, exécutif et judiciaire), la chose publique (res-publica), les libertés publiques, l'égalité des citoyens devant la loi du politique, etc.[96]

Si donc depuis ces temps anciens jusqu'à nos jours, le débat sur la démocratie reste plus que jamais d'actualité dans toutes les sociétés modernes, c'est qu'alors, le

---

[95] *Du contrat social ou principes du droit politique.* Texte publié en 1762.
[96] Lire Joseph Yacoub, *Fièvre démocratique et ferveur fondamentaliste dominantes du XXIème siècle*, les éditions du Cerf, 2008.

développement de celle-ci (notamment la démocratie !) est strictement corollaire à l'évolution des mœurs, de la tradition, des idées en cours, en un mot, du comportement de la société. Ainsi, le progrès constaté des démocraties occidentales est la preuve que la démocratie est un processus endogène car une révolution démocratique est d'autant plus solide et fécondante qu'elle émane du peuple lui-même et sans ingérence extérieure. Telle est la loi d'histoire : Athènes, Carthage, France, Etats-Unis, Espagne, Portugal, Russie, Viêt-Nam, etc.[97] Dans son ouvrage *De la démocratie en Amérique*, Alexis de Tocqueville avait très bien décrit cette longue maturation qui enfanta la démocratie en Occident, en préparation dès le Moyen-âge, depuis sept cents ans, dit-il, à mesure que l'égalisation des conditions se répandait. Tocqueville redoutait le despotisme d'un genre nouveau en l'occurrence l'individualisme et la suprématie de la sphère privée. L'histoire lui aura en tout cas donné raison car toutes les grandes démocraties qui vantent aujourd'hui leur modèle de civilisation se sont toutes, construites à partir des révolutions des peuples qui aspiraient à plus de liberté – que ce soit la liberté de la presse ou les libertés des peuples tout court et donc la dignité humaine en mot. Nous conviendrons donc que la démocratie est tout un ensemble de valeurs : elle n'est pas seulement une forme de gouvernement et un ensemble de techniques et procédures constitutionnelles. Ce sont des valeurs intériorisées autour de l'autonomie de l'individu, la reconnaissance des minorités, un bloc des libertés publiques dont la liberté d'expression, de conscience et de religion, le pluralisme, l'alternance pacifique au pouvoir, la tolérance, une culture démocratique et des traditions et institutions démocratiques.[98] A travers ces valeurs, la démocratie

---

[97] Joseph Yacoub, op.cit.
[98] Ibid.

signifie donc liberté et civilité mais aussi égalité et responsabilité : voilà les quatre principes fondamentaux de la démocratie que nous avons défendus dans notre analyse. Mais si la démocratie doit émaner du peuple lui-même sans ingérence extérieure comme nous le soulignions plus haut, alors, il se pose un véritable problème aujourd'hui dans le processus démocratique des pays du Sud ou le Tiers-Monde tout court. En vérité, il ne peut pas y avoir une véritable démocratie sans une réelle autonomie des peuples censés la vivre. Autonomie !, voilà le mot magique qui constitue le cinquième pilier de la démocratie. Que se passe-t-il aujourd'hui ? Au nom de cette démocratie, les puissances occidentales se lancent dans des guerres contre certains régimes qualifiés à tort de bourreaux et de barbares. Est-ce que nommer une femme à un poste ministériel en Iran est un signe de progrès démocratique ou est-ce que porter une *bourqa* en Afghanistan est un signe de dictature ? Hélas, ni l'un ni l'autre ne justifient réellement l'état de la démocratie ou l'état d'un pouvoir dictatorial. L'histoire de l'humanité retiendra que l'Amérique et ses alliés ont commis la plus grande bêtise du monde en se lançant dans la guerre contre l'Irak, l'Afghanistan, laquelle guerre, ils justifient par l'unique vœu de démocratiser ces Etats. Ce terrorisme qu'ils attribuent à ces Etats qu'ils appellent à tort encore Etats voyous n'est que la conséquence d'une frustration de peuples ou de pouvoirs moralement discriminés et opprimés qui n'ont plus d'autre arme d'auto-défense que la violence. Vouloir imposer un mode de vie à un peuple qui ne partage aucune tradition avec l'Occident est tout simplement une atteinte à la dignité humaine et aux libertés locales. Prenons un exemple tout simple auquel est confrontée la diaspora africaine en Europe : le divorce. Oui le divorce, voilà un des fléaux qui déchire beaucoup de familles africaines en Europe et notamment en France. Qu'est-ce qui se passe au juste ? Derrière ces multitudes de séparations de couples, se cache l'hypocrisie de certaines assistantes sociales. En l'absence des maris, celles-ci vont parfois interroger les épouses sur leur manière de vivre, sur la gestion de leurs ménages, sur l'éducation des enfants, etc. Au finish, elles arrivent à convaincre les pauvres dames qu'il est inadmissible de travailler et de donner son argent à son époux ; que c'est de l'exploitation quand une femme accepte de faire, elle seule, tous les travaux domestiques. Il faut un partage des tâches ménagères. L'épouse ne comprenant pas que ces pratiques n'ont rien à voir avec la discrimination ou l'exploitation (sauf quand ça devient un ordre de la part du mari !), finira par commencer à élever sa voix sur son époux qu'elle aimait pourtant beaucoup et grâce à qui elle a pu venir en France. L'époux de son côté, dans son orgueil masculin typiquement africain, verra comme une humiliation, le fait de faire la cuisine et le ménage surtout en présence des hôtes. Alors, commencent les problèmes qui finissent par conduire au divorce. Or en Afrique, sans arrière-pensée, la fierté d'une bonne épouse est de bien s'occuper de son mari. Nul ne le voit du mauvais œil et d'ailleurs comment pourrait-on penser à la discrimination étant donné que les supposées discriminées en l'occurrence les femmes ne le voient pas comme tel et ce n'est pas parce qu'elles sont incapables de voir clair ? De la même sorte, porter une *burqa* dans certains pays musulmans n'est pas forcément synonyme d'une oppression ou d'une atteinte à la liberté de la femme. En revanche, on peut bien parler de dictature et même d'atteinte à la dignité humaine si le port de cette toile est une obligation pour les femmes car ça devient une privation de la liberté dans le choix du mode de vie de l'individu. Dans le cas de la France, ce débat est malheureusement politisé et mené de manière passionnelle par la classe politique alors qu'il est d'un enjeu capital pour la cohésion nationale. Mais cela ne nous permet pas de pointer un doigt accusateur sur le pouvoir public et ou politique ; la politique étant ce qu'elle est ! La grande interrogation que nous posons, en revanche, aux défenseurs du port de la burqua, consiste à savoir : peuvent-ils assumer ce choix et rester en conformité avec les normes de la république ? Sachant bien entendu que le premier signe de l'intégration est le respect des lois de la république. L'incompatibilité qui se pose à nos yeux dans le port de la burqua, loin de prendre position dans ce débat, c'est qu'il nous paraît inconvenant de porter cette toile dans un service public ou dans n'importe quel autre lieu de travail pour une simple raison qu'on ne peut pas travailler avec des gens qui ne peuvent jamais vous connaître parce que ne pouvant jamais voir votre visage. Et lorsqu'on fait alors le choix de porter la burqua, doit-on, toute sa vie, renoncer à travailler ? Et si l'on renonce au travail, doit-on aussi renoncer à bénéficier de toute aide sociale de la part de l'Etat ou de toute organisation sociale ou humanitaire ? Ce qui n'est qu'une logique car on ne peut pas toujours recevoir et en même temps refuser de donner. Voilà comment le débat sur cette question, devait être formulé à notre avis pour mettre les gens face à leur responsabilité. Mais enfin, bien qu'étant hors du débat sur la démocratie, nous faisons interférence à ces questions pour justifier par ailleurs qu'on ne peut donc pas se baser sur les mœurs pour juger que telle et telle cultures sont réfractaires aux idées de modernité. La modernité reste perçue d'une manière ambiguë, à la fois libératrice et agressive. Tantôt elle séduit, tantôt elle choque, comme s'il y avait un « malaise dans la civilisation » (Freud). Voilà comment on peut arriver à comprendre aujourd'hui le malaise des démocraties tiers-mondistes. Celles-ci sont en effet manipulées par des puissances étrangères qui tentent d'imposer leur concept alors que les réalités sociales ne sont pas forcément les mêmes. Par conséquent, certains principes abstraits et théoriques et même certaines pratiques traditionnelles ne suffisent pas pour rendre compte de l'état de la démocratie d'un Etat.

Nous retiendrons donc comme un des principes fondamentaux de la démocratie et vecteur de stabilité et de progrès social, l'autonomie. Mais cette autonomie est bidimensionnelle :

- **autonomie du peuple en son sein d'abord :**

En outre, la démocratie africaine est d'abord censurée dès le départ par la manière dont la politique est pratiquée sur le continent : une politique-spectacle derrière laquelle se cache un pouvoir messianique des leaders politiques ou des dirigeants. De manière inconsciente, le peuple lui-même n'est pas autonome car ses choix sont conditionnés par le clientélisme entretenu par l'élite politique. C'est seulement en Afrique où, pour des besoins de campagnes électorales ou de simple meeting, des teeshirts et des tissus sont cousus pour les besoins de festivité et ce, avec bien évidemment les photos des leaders. Pour recueillir des voix, des vivres, de l'argent et des pots-de-vin sont distribués ici et là. A chaque passage d'un leader politique ou du président de la république dans un coin de la rue, des foules sont amassées dans toutes les artères pour applaudir, chanter et danser. Au sein des organisations politiques, c'est le paternalisme qui se pose en règle de gestion du parti. Chaque parti politique est souvent identifié à un homme non en tant que leader mais en tant que « propriétaire ». C'est lui qui décide de l'essentiel et tient ses finances comme son comptoir de boutiquier. Or, dans les grandes démocraties dignes de ce nom, ce sont les militants qui font vivre leurs partis en débats comme financièrement. Et c'est cela qui peut leur conférer l'autonomie de faire valoir leurs idées dans la vie et le fonctionnement de leur organisation. Cette autonomie et l'indépendance de l'esprit sont donc les valeurs fondamentales dans la démocratisation d'une organisation, qu'elle soit une organisation politique, sociale ou même une république. Car la consolidation de la démocratie et du développement implique un niveau de conscience individuelle et collective. Il résulte donc que lorsqu'un Etat ou une organisation sociale ou politique se donne le droit de former ses citoyens, il (ou elle) contribue à l'émergence d'une citoyenneté active.

- **autonomie des dirigeants africains ensuite :**

Deux processus étaient indispensables pour la libération de l'Afrique afin d'aspirer à sa liberté et au développement. Le premier a été réalisé : la décolonisation ou l'indépendance (autonomie) politique. Le deuxième reste toutefois entier et à conquérir : l'autonomie morale ou l'indépendance de l'esprit. Ce second processus est toutefois à la base de tout : sans lui, l'autonomie politique devient par conséquent confisquée. En outre, qu'on taise cette réalité ou non, derrière chaque président africain, se cache une puissance occidentale qui dicte sa volonté et ce, conformément à ses intérêts. Il faut bien avoir le courage de dénoncer cela car tout le problème de l'Afrique est là. Non seulement, l'Occident veut nous imposer, en 50 ans un modèle démocratique pour lequel il a mis cinq siècles pour le construire mais en plus, l'appréciation que fait chaque puissance occidentale sur l'état démocratique de telle ou de telle autre nation africaine est entachée de toute ambiguïté. Au nom des intérêts, on juge à tort un tel pouvoir de dictatorial et un tel autre de bon élève vers le progrès démocratique. Le destin de l'Afrique n'est donc pas encore entre les mains de ses fils et de ses filles. Ce destin est téléguidé par les puissances étrangères.
Voyons le cas du Niger avec le président Tandja qui, après avoir épuisé ses deux mandats auxquels il avait droit conformément à la Constitution, se permet un forcing

référendaire pour proroger de trois ans son mandat et ce, sous prétexte que son peuple a encore besoin de lui. Mais on sait la raison principale : la France est derrière cette manipulation. Sinon, elle aurait crié en premier au hold-up démocratique ! En effet, après avoir signé avec le groupe AREVA des accords pour l'exploitation de l'uranium, le départ de Tandja pourrait remettre en cause lesdits accords et compromettre du coup les intérêts de la France. A cet effet, il faut maintenir à tout prix l'ami Tandja pour profiter le maximum possible de l'exploitation de cet uranium. Pour ce faire, les mains liées, le président nigérien a trahi son peuple et a même osé défier le saint Coran sur lequel il avait pourtant juré de respecter la Constitution lors de sa prestation de serment. Au même moment, au Bénin et au Togo, comme par coup de baguette magique, c'est encore le groupe français Bolloré qui gagne le marché pour la construction des ports de ces deux pays et la réalisation du chemin de fer qui partira du Bénin au Niger. Les gouvernements des pays concernés jubilent. Et les populations dansent. Ce marché est doublement bénéfique pour la France car primo, les rentes desdits ports rentreront dans les caisses de Bolloré pendant vingt cinq bonnes années avant que lesdits Etats bénéficiaires ne puissent en avoir droit et secundo, doit-on être incapable de comprendre que le chemin de fer reliant Cotonou au Niger a pour visée de faciliter l'acheminement de du fameux uranium ?

Prenons encore l'autre exemple du bateau chargé d'armes et qui avait été arraisonné au Nigéria pendant un an. Par, l'on ne sait quel motif et sous quelle autorité, ledit bateau a été acheminé en Guinée Equatoriale qui l'on sait, est l'un des principaux pays producteurs de pétrole en Afrique. Et peut-être, lorsqu'il se posera un différend politique qui aura été de toute évidence monté de toutes pièces par les « grands donneurs de leçons en démocratie », le pouvoir sera alors condamné pour non respect des normes démocratiques et des droits humains ; le pays basculera alors dans la violence et l'occasion sera donnée de lui voler ses richesses. Pauvre Afrique ! L'on nous sert le discours sur la bonne gouvernance et les nouvelles relations afro-américaines mais on comprend ce qui se cache derrière : ce n'est pas l'Amérique qui va être en reste dans la course effrénée à l'exploitation du continent où se livrent bataille la Chine et l'Union Européenne.

En Côte-d'Ivoire, le « rebelle anti-français » Laurent Gbagbo a payé les frais de sa non-soumission aux ordres du « grand maître » Chirac et ce, par la guerre qui a coûté la vie à une centaine de personnes dont des personnalités de la république.

Au Gabon, après la mort du père de la Françafrique, il faut bien pour pérenniser les relations bilatérales entre les deux pays, confier le Gabon au fils pour sécuriser les intérêts de la Métropole. On a donc vu comment les médias français et même le pouvoir ont accueilli avec enthousiasme l'élection d'Ali Ben Bongo à la tête de « Monaco d'Afrique ».

Comment donc dans cette prise d'otage morale, les dirigeants africains qui n'ont sans doute pas - ou très peu - d'autonomie dans la gestion de leurs pays, peuvent-ils faire vivre une démocratie digne de ce nom qui soit en conformité avec le vécu du peuple ? Il s'agit donc là en effet d'un débat très large sur le contenu de la démocratie africaine qui échappe à ceux censés la faire vivre. En réalité, au nom de la démocratie et en ce qui concerne la croisade contre les Etats dits voyous ou dictatoriaux, il s'agit simplement de conflits d'intérêts et de domination guidés par la raison d'Etat. Qu'on se le dise, si l'Occident avait pour seul but de consolider les libertés et le processus démocratique dans ses anciennes colonies tout comme au Moyen-Orient, il n'est pas nécessaire de ruiner les traditions et les structures sociales existantes mais au contraire, la démocratie devrait se construire dans son environnement sociétal et culturel , et de puiser dans les traditions vivantes des peuples concernés et dans leurs valeurs positives, les ressources nécessaires à l'appui de cette démocratie-là. Jean Bodin[99] ne disait-il pas d'ailleurs qu'*il n'y a pas de politique adéquate si elle n'est pas adaptée au naturel des peuples*. Et le Pape Jean-Paul II de soutenir en ces termes, lors de son discours de juin 1980 à l'UNESCO : « *Je pense avec admiration aux cultures des nouvelles sociétés, de celles qui s'éveillent à la vie dans la communauté de la propre Nation (...) et qui luttent pour maintenir leur propre identité et leurs propres valeurs contre les influences et les pressions de modèles proposés de l'extérieur* ». Pour le Pape, il est donc inconcevable que l'homme soit considéré comme un objet de domination en bafouant sa propre existence humaine.

II. (…) il ne faudrait pas conclure…

Pourtant, il ne faudrait pas tirer de tout ce qui précède la conclusion que le malaise de la démocratie sénégalaise est dû seulement à l'attitude de la classe politique et un tant soit peu au comportement de la société dans la vie publique. Non, ce serait une erreur. Il faut bien aller au-delà de ces paramètres pour comprendre les vrais fondements de la démocratie sénégalaise (et même africaine) qui n'est que le cliché des représentations de la société africaine. En dépit des critiques que nous formulons tout le long de notre analyse, nous pensons que la politique en cette matière de vitalité démocratique n'est assimilable à aucun point de vue avec ce qu'il est convenu d'appeler la morale démocratique. Encore une fois, on ne peut rien comprendre si l'on sépare l'analyse de notre système démocratique des représentations de la société ainsi que des rapports sociaux qui les sous-tendent.

---

[99] In *Les six livres de la république*, 1576

Dans le domaine de la démocratie en Afrique, on ne peut se contenter de juger à partir des seules explications idéologiques qui sont souvent données en Occident pour justifier tel ou tel système ou modèle démocratique. Il faut aussi voir comme nous le suggérons plus haut, les modes de vie de la société africaine, sous-tendant par-delà, les divers rapports sociaux régissant le fonctionnement de la société, les mœurs, les croyances populaires et même religieuses, etc.

En outre, la démocratie n'est pas qu'une affaire d'Etat. Elle n'est pas que de l'ordre public. C'est une affaire de tous, aussi bien dans la sphère publique que privée. Mais dans tout ça, la question qui nous intrigue consiste à savoir pourquoi ça ne va toujours pas dans cette bataille pour l'instauration d'une vraie démocratie depuis les indépendances. Que l'on nous dise que nos jeunes nations, à peine vieilles de 50 ans seulement ont encore un long chemin à faire pour arriver à réaliser ce que l'Occident a pu faire sur plus de cinq siècles, est sans doute justifiable mais force est aussi de reconnaître que ce n'est pas une raison suffisante. Et de là, se pose une seconde interrogation aussi intrigante que la première : pourquoi répétons-nous les mêmes erreurs ? Après tant de critiques constructives et de belles promesses, nos dirigeants politiques, une fois au pouvoir, lorsqu'ils ne répètent pas les mêmes bêtises, font pire. Le pouvoir en Afrique est-il donc un engrenage dans lequel sont pris en otage nos dirigeants et ce, avec un mystère que ne découvrent pas les gouvernés ? Et si oui, comment et pourquoi cette spécificité africaine ? Il faut donc aller dans le fond de toutes ces représentations pour sans doute tenter de comprendre le phénomène.

Première hypothèse

D'abord, le pouvoir, plutôt que d'être perçu comme une lourde responsabilité d'assumer le destin public de la nation, est considéré en Afrique, avant tout comme un luxe. Oui, un luxe en ce sens qu'il est un juteux « trône » d'enrichissement auquel peu de leaders africains sont capables de renoncer. Prenons le dernier exemple : celui du putschiste guinéen Moussa Dadis Camara. Bien qu'ayant outrepassé la loi constitutionnelle en accaparant le pouvoir après la mort de Lansana Konté alors que c'est le président de l'Assemblée nationale qui devait assurer l'intérim en cas de vacances du pouvoir et ce, jusqu'à la tenue des élections, ce dernier fut pourtant bien accueilli par la population qui poussait un ouf de soulagement pour s'être débarrassé du dictateur Konté. Dadis, dès les premiers jours de sa prise de pouvoir, avait redonné une lueur d'espoir aux Guinéens en leur promettant de balayer proprement la république avant de rendre le pouvoir aux civils à l'issue d'une élection qui se voudra libre et transparente et à laquelle il ne prendra pas part. Par ses déclarations multipliées entachées de belles promesses, même une partie de la communauté internationale fut piégée dans sa démagogie. La France en premier ! Mais c'était sans compter que derrière tous ces beaux discours, se cachait une seule volonté : celle de gagner la confiance de l'opinion nationale et internationale afin de rester au pouvoir. Ou alors, à moins que Dadis n'ait pas encore véritablement goûté les délices de ce pouvoir africain ! Dans tous les cas, les Guinéens étaient très loin de s'imaginer que cet homme serait sans doute plus cynique que son prédécesseur. On se souvient même de sa honteuse interview accordée à une chaîne de télévision où le président autoproclamé confiait n'avoir jamais eu de compte bancaire. Il avait même exhibé son pauvre coffre-fort caché dans un coin de son salon et dans lequel il

gardait son argent ; histoire de prouver qu'il a les mains propres. Et la suite, on la connaît. Le pauvre Dadis se trouve aujourd'hui dans un état pitoyable après avoir reçu de son garde-corps, une balle sur la tête !
Que dire des défunts présidents Bongo, Mobutu, Eyadema etc., que seule la mort a pu débarrasser du pouvoir ; des présidents camerounais, congolais, zimbabwéen, bref, qui se prédestinent présidents à vie, du Sénégalais Abdoulaye Wade qui, malgré son âge, souhaite encore se représenter en 2012 tant qu'il est en vie ; des Bissau-guinéens qui se donnent en cyniques spectacles dignes des attitudes du moyen-âge en s'entretuant juste pour les mêmes questions du pouvoir ? En voulant citer les exemples, hélas, peu de pays africains échapperont à ce tragique destin infligé par leurs propres fils. Il y a quand même quelques bons exemples du moment comme le Mali, le Ghana, l'Afrique du Sud ou encore le Botswana qui font de gros efforts. Même si on peut encore leur reprocher quelques insuffisances, ils restent tout de même de bonnes références sur le continent.
Et alors, l'on est en droit de chercher à savoir ce qui se cache derrière ce « mystérieux » pouvoir en Afrique.

Dans le vocabulaire de la plupart des langues africaines, le pouvoir est assimilé à une sorte de « toute-puissance » hormis bien évidemment celle de Dieu. Un statut quasi-mystique dont le regard des populations africaines est de loin différent de celui qu'ont les peuples occidentaux sur leurs dirigeants. La politique-spectacle n'est pas seulement l'apanage d'un populisme mais aussi c'est l'expression d'une magnificence de la grandeur d'un homme qui est le « Tout-puissant » de la république. Dans certaines communautés d'ailleurs, on fait passer pour une obligation morale, « la subordination au chef » et ce, en justifiant que l'on n'a pas le droit de s'opposer à lui. Et cette représentation accouche donc ce sentiment de fatalisme que nous avions souligné dans notre analyse et qui consiste à croiser les bras en se disant « *le pouvoir, c'est Dieu qui le donne et c'est Lui qui le reprend. Par conséquent il ne sert à rien de s'opposer. Le jour que Dieu décidera qu'il parte, il partira* ». Telle est donc l'origine de la citoyenneté naïve et en même temps passive qui contribue à l'affaiblissement de notre démocratie puisque la volonté populaire censée nourrir cette démocratie, ne s'exprime pas.

Seconde hypothèse

Le système démocratique africain découle enfin des représentations de la société. Aujourd'hui par exemple, on reproche à Me Wade de vouloir « monarchiser » le pouvoir or l'on ne cherche pas pour autant à regarder, autour de nous, ce que nous reproduisons dans la vie de tous les jours en termes de gouvernance sociale. Tout commence par la gouvernance familiale où le droit d'aînesse ne se discute pas et auquel s'ajoute la question du sexe où la parole de la femme ne doit pas s'opposer à celle de l'homme. Ensuite, vient le cas des quartiers et villages où la chefferie ne s'attribue pas de manière démocratique. On est chef de quartier ou chef de village parce que son ancêtre a été le premier habitant ou le fondateur de ce quartier ou de ce village. La transmission du pouvoir se fait donc de père en fils et de frère en frère selon le droit d'aînesse. Un autre cas plus élucidant au Sénégal est le cas des confréries. On ne rêvera jamais d'être khalife général d'une confrérie parce qu'on a beaucoup de connaissances dans le domaine religieux. Un *"taalibe"* a beau être un grand érudit musulman, ne rêvera jamais de devenir un jour khalife de sa confrérie s'il n'est pas de la lignée directe de la famille maraboutique fondatrice de ladite confrérie. Par conséquent, comment voulons-nous démocratiser nos Etats si au préalable nos propres modes de fonctionnement de la société ne sont pas démocratisés ?

Or c'est cette gouvernance sociale qui doit inspirer le pouvoir politique dans sa quête d'une démocratie républicaine. Tel est le débat qui doit cesser d'être tabou si nous voulons véritablement avancer dans le sens du progrès démocratique gage de toute émergence sociale et même économique. Il y a lieu de revoir certaines valeurs de notre société dans ce monde en pleine mutation et pour cela, il faut sans doute du courage. Qu'on se le dise, si nos dirigeants ont réellement la volonté de réorienter le continent vers le chemin du progrès tant économique que social, alors, finie l'hypocrisie. Finies les basses manœuvres. Finie la gabegie. Bref ! Nous n'avons pourtant qu'à revisiter le passé de ces grandes puissances dites économiques et démocratiques qui vantent aujourd'hui avec orgueil et fierté leur système démocratique qu'elles assimilent d'ailleurs à la civilisation moderne pour se rendre compte que leurs progrès n'ont pas été acquis dans la facilité. Elles ont toutes, vécu des expériences de la douleur pour que leurs peuples prissent conscience de la « sacralité » de la nation et du bien commun.

Nous ne demanderons ni ne souhaiterons de telles expériences à nos Etats actuels car le contexte a changé et les temps ont évolué. Et de toute façon, ce serait un carnage que de prétendre éliminer tous les traîtres de la république comme ce fut le cas en France, en Espagne, en Russie, etc. Car le constat est amer mais il faut l'avouer, tous les jours, notre société est contaminée par l'argent. Une grande partie de l'élite politique et intellectuelle n'échapperait pas à ce carnage et ce, pour s'être livrée à la prostitution affairiste pour ne voir que ce qui est bon du côté du pouvoir et ne dire que ce qui plaît au chef donc un renoncement à la fonction critique et à la mission de veille et d'éducateur du peuple. Mais aussi, une grande partie du même peuple n'échapperait pas à ce carnage et ce, pour s'être subordonnée à des régimes dictatoriaux et sanguinaires juste pour des questions de maigres intérêts particuliers. Et d'un camp à l'autre, tout cela s'appelle de la traîtrise, laquelle traîtrise, ont payé au prix du sang des millions de citoyens occidentaux pour que leurs nations arrivent aujourd'hui à ces stades de développement économique et social. Des sacrifices, il en faut aux Africains pour sortir du chaos. Du courage, il nous en faut également : le courage de dire non aux anarchies républicaines. Le courage de barrer la route aux pilleurs des richesses du continent et ce, que ceux-ci soient des étrangers ou des nationaux. Le courage de dire non à tout ce qui ne tourne pas à l'avantage de l'Afrique comme ce fut le cas des APE refusés par le président Wade. Bref, le courage de renoncer à certains privilèges particuliers au profit du bien commun. Le courage de creuser l'abcès dans le débat quasiment incontournable aujourd'hui sur les valeurs de nos sociétés dans ce processus de révolution culturelle et enfin, le courage de reconnaître que chacun de nous, quelle que soit sa position sociale, a sa part de responsabilité dans la destinée nationale. Les dirigeants africains n'ont plus à justifier leur subordination suspecte vis-à-vis des puissances occidentales, ni à justifier leurs attitudes de s'accrocher aux fauteuils présidentiels quand les résultats ne suivent pas. Les populations n'ont plus, quant à elles, à tout mettre sur le dos des gouvernants lorsque rien ne va car directement ou indirectement, elles sont en partie responsables des actes commis par ceux-ci, en bien comme en mal et ce, pour avoir laissé faire. C'est cette prise de conscience effective à tous les niveaux de vie et de fonctionnement de la société africaine qui permettra au continent de se tenir debout face à ce monde profondément déstabilisé par la mondialisation à tous les niveaux. Il se pose donc un vrai débat sur la question des valeurs que nous évoquions plus haut. La lumière ne saurait briller sur le continent si cette révolution culturelle n'a pas lieu. Pour cette maladie que traîne le continent, ses fils en sont après tout, les virus. Qu'au milieu de ce $21^{\text{ème}}$

siècle, l'on continue à nous donner des leçons de morale, de démocratie et de gouvernance économique, est simplement inacceptable car ce n'est ni l'expertise, ni la matière grise qui manquent au continent. Et pourquoi ça ne marche donc toujours pas ? Telle est la question que nous nous reposons! Pourquoi devrions-nous continuer à jouer les seconds rôles sur la scène internationale ? Pourquoi acceptons-nous d'être en permanence manipulés : on nous donne des armes pour nous entretuer ? Et pourtant, la grande majorité des Etats occidentaux comme la France, le Royaume-Uni, l'Espagne, etc., vivent tous, des conflits internes mais pourquoi encore, lorsqu'il s'agit de l'Afrique, c'est tout un carnage en lieu et place de discussions intelligentes ? Même pour une simple manifestation de militants ou de syndicats, l'armée tire à bout portant sur ces malheureux citoyens comme ce fut le cas récemment en Guinée et pourquoi ? Devrions-nous continuer à montrer à la face du monde que nous sommes toujours les derniers ? Non, il n'y a pas de raison ! Pour répondre de manière très simple à toutes ces interrogations, l'écrivain ivoirien Fodjo Kadjo Abo disait ceci: « *La démocratie a le dos très large. Tout peut se faire en son nom et sous son couvert aujourd'hui. Sous prétexte de la promouvoir dans leurs pays, des opposants et gouvernants africains rivalisent sans cesse en barbarie aux grands dépens des concitoyens. Les premiers accusent les seconds de la torpiller et se disent fondés à recourir à la violence pour les amener à changer ou à céder la place à des démocrates. Pour leur part, ceux-ci soutiennent le contraire : ils prétendent avoir affaire à des arrivistes cherchant à satisfaire leurs propres ambitions sous le couvert et au dépens de la démocratie ; aussi n'hésitent-ils pas à les réprimer dans le sang et à leur tenir constamment à l'œil, eux et leurs partisans, pour les amener à s'inscrire dans le processus démocratique en cours (...)* ». Telle est aujourd'hui la réalité partagée par une grande majorité des pays africains. Ne devons-nous pas reconnaître enfin que l'humanisation de la société passe forcément par l'établissement de la démocratie et des droits fondamentaux humains ? En outre, le paradoxe d'une partie de l'élite intellectuelle sénégalaise – (hormis celle qui s'endort et celle qui a vendu son âme au diable) – qui se dit engagée dans la bataille pour la démocratie, c'est qu'au lieu de prêcher par des actes exemplaires et des réflexions approfondies sur le sens de l'Etat-nation et les questions de développement économique et social du pays, se livre au contraire à des proclamations et discours diffamatoires et à la limite, incitateurs de haine. Aujourd'hui, ceux qui se réclament « anti-wadistes » sont aussi pour beaucoup, antirépublicains car leurs discours ne vont pas dans le sens d'unir les Sénégalais. L'idéal n'est en effet pas de raconter n'importe quoi sur le président et ce, jusqu'à atteindre sa vie privée, familiale et même sexuelle. Cela est même indécent car le président est une institution. D'ailleurs nous pouvons avouer que le président Wade, dans ces attaques personnelles dont il est en permanence victime, fait franchement beaucoup preuve de retenue et de dépassement. Dans n'importe quelle autre démocratie du monde, aucun gouvernement ne peut accepter que le président de la république soit en permanence victime de certaines insanités comme c'est le cas pour Me Wade. Se permettre, hors du territoire national, d'insulter tous les jours un président de la république, c'est insulter au final son propre pays. Par exemple, lorsque Ségolène Royal avait fustigé lors de son voyage au Sénégal, l'attitude de Sarkozy au sujet de son discours à Dakar, cela lui avait valu beaucoup de critiques aussi bien dans le gouvernement qu'au sein de l'opinion nationale ; et pourtant, la France n'est pas moins démocrate que le Sénégal mais c'est parce que pour les Français, il est inadmissible de critiquer le président de la république et même son gouvernement à partir d'un pays étranger. Telle est la logique que doivent aussi comprendre les Sénégalais qui se permettent n'importe quelle sorte de discours sur Wade et sa famille à partir de l'étranger et ce, par respect pour leur propre pays. Nous ne nous posons pas en défenseurs du président dans ce cas précis mais nous tentons simplement de faire comprendre que le jeu démocratique répond à un certain nombre de normes et de valeurs qui ne permettent pas de sponsoriser la violence et la haine auxquelles s'ajoutent l'irrespect des institutions puisque le président en question en est une. Le paradoxe est qu'au lieu de dénoncer de telles actions qui se multiplient de plus en plus dans le paysage politico-médiatique, bon nombre de lecteurs et auditeurs y voient plutôt un acte de bienveillance et prennent les auteurs desdits discours pour des sauveurs et des bienfaiteurs. Il n'est guère étonnant que des illettrés se laissent manipuler ou exploiter par des politiciens véreux ou par d'autres citoyens mal intentionnés car c'est malheureusement l'ignorance qui les y prédispose. En revanche, le silence de l'élite intellectuelle est très condamnable.

Servons-nous de la morale, du droit, de l'économie, du civisme, du sens patriotique, de la solidarité, du sens de l'effort et de la réussite professionnelle, du dévouement, du respect des lois de la république, de l'esthétique, comme autant de valeurs partagées au sein de la société car tous ces phénomènes sociaux constituent des idéaux vecteurs d'une émergence économique et sociale. L'église ne recommande-t-elle pas d'ailleurs « *de louer la façon d'agir des nations, où, dans une authentique liberté, le plus grand nombre possible de citoyens participe aux affaires publiques et ce, sur la base de conditions concrètes de chaque peuple et de la nécessaire fermeté des pouvoirs publics. Et pour que tous les citoyens soient poussés à participer à la vie des différents groupes qui constituent le corps social, il faut qu'ils trouvent en ceux-*

ci des valeurs qui les attirent et qui les disposent à se mettre au service de leurs semblables ». GS 31-3

Bibliographie

Ouvrages généraux

- BERNARD - L'État Républicain au service de la France. - Paris : Economica, 1988.
- Michel VERPEAUX / dir. - Bertrand MATHIEU / dir. - La République en droit français. Acte du colloque de Dijon du 10 et 11 décembre 1992. - Paris : Economica, 1996. (Droit Public Positif).
- CAYROL Roland, Le grand malentendu, les Français et la politique.
- CAYROL Roland, Médias et démocratie. La dérive, Presses de Sciences Po, janvier 1997.
- Odile RUDELLE - La république aujourd'hui : mythe ou processus ? - Paris : Presses de Sciences Po, 1997. (Les cahiers du CEVIPOF 16).
- Jacques VIARD / dir. - L'esprit républicain : colloque d'Orléans des 4 et 5 septembre 1970. - [s.l.] : Klincksieck, 1972.
- Gérard TIMSIT - Les noms de la loi. - Paris : PUF, 1991.
- Gérard TIMSIT - L'archipel de la norme. - Paris : PUF, 1997. (Les voies du droit).
- Jean AMADO - De la République en France. - Paris : Pédone, 1989.
- Fred CONSTANT - La citoyenneté. - Paris : Montchrestien, 1998. (Clefs Politique).
- Michel DEBRÉ - La mort de l'État républicain. - Paris : Gallimard, 1947.
- Michel DEBRÉ - La République et son pouvoir. - Paris : Nagel, 1950.
- Michel DEBRÉ - La République et ses problèmes. - Paris : Nagel, 1952.

- Maurice DUVERGER - Demain la République. - Paris : Julliard, 1958.
- Maurice DUVERGER - De la dictature. - Paris : Julliard, 1961.
- Maurice DUVERGER - La République des citoyens. - Paris : Ramsay, 1982.
- Joseph YACOUB, *Fièvre démocratique et ferveur fondamentaliste dominantes du XXIème siècle*, les éditions du Cerf, 2008
- Jules FERRY / biogr. - Odile RUDELLE / dir. - Jules Ferry. La République des citoyens (deux volumes). - Paris : Imprimerie Nationale, 1996. (Acteurs de l'Histoire).
- Léo HAMON - De Gaulle dans la République : Tribune libre. - Paris : Plon, 1958.
- Association Française de Science Politique (AFSP) - 1789 et l'invention de la Constitution. - Paris : Association Française de Science Politique, 1989.
- Roland DEBBASCH - Le principe révolutionnaire d'unité et d'indivisibilité de la République. - Paris : Economica - PUAM, 1988.
- Paul ISOART - Christian BIDEGARAY - Des Républiques Françaises. - Paris : Economica, 1988.
- Michel-Henry FABRE - Principes républicains de droit constitutionnel. - Paris : LGDJ, 1984. 4e éd
- Jean-Marie PONTIER - La république en France. - Paris : Dalloz, 1998. (Connaissance du droit - droit public).
- Jacques GOUAULT - Comment la France est devenue républicaine. - Paris : Armand Colin / FNSP, 1959.
- Jacques LE GALL - Les institutions de la Ve République à l'épreuve de l'alternance : la présidence de François Mitterrand. - Paris : LGDJ,

1997. (Bibliothèque constitutionnelle et de science politique 84).
- Marcel WALINE - Les partis contre la République. - Paris : Rousseau et Cie, 1948.
- Blandine BARRET-KRIEGEL - Les droits de l'homme et le droit naturel. - Paris : PUF, 1989.
- Jean-Jacques SUEUR - Robert CHARVIN - Droits de l'Homme et libertés de la personne. - Paris : Litec, 1997. 2e éd
- Luc FERRY - Philosophie politique 3 : des droits de l'homme à l'idée républicaine. - Paris : PUF, 1985.
- Jacques MOURGEON - Les droits de l'homme. - Paris : PUF, 1996. 6e éd (Que-Sais-Je ? 1728).
- Yves MADIOT - Droits de l'homme. - Paris : Masson, 1991. 2e éd
- Pierre WACHSMANN - Les droits de l'homme. - Paris : Dalloz, 1992. (Connaissance du droit).
- Jean RIVÉRO - Le Conseil constitutionnel et les libertés. - Paris : Economica - PUAM, 1984. (Droit public positif).
- Jacques ROBERT - Les violations de la liberté individuelle commises par l'administration. - Paris : LGDJ, 1956. (Bibliothèque de droit public 1).
- Patrice ROLLAND - La protection des libertés en France. - Paris : Dalloz, 1995. (Connaissance du droit).
- Bernard STIRN - Les libertés en questions. - Paris : Montchrestien, 1996. (Clefs Politique).
- Maurice AGULHON - La République : 1880 à nos jours. (Coll. Histoire de France - Hachette, tome 5). - Paris : Hachette, 1990.
- Michel BORGETTO - La devise "Liberté, égalité, fraternité". - Paris : PUF, 1997. (Que-Sais-Je ? 3196).

- Revue Rue Descartes - Rue Descartes 3. Citoyenneté, démocratie, république. - Paris : Albin Michel, 1992.
- Philippe MANIN - Principes du gouvernement représentatif. - Paris : Calmann-Lévy, 1995. (Liberté de l'esprit).
- Raymond POLIN - La République entre démocratie sociale et démocratie aristocratique. - Paris : PUF, 1997. (Questions).
- Geneviève KOUBI / dir. - Centre universitaire de recherches administratives et politiques de Picardie (CURAPP) / édit. sc. - Le Préambule de la Constitution de 1946. Antinomies juridiques et contradictions politiques. - Paris : PUF, 1996.
- Maurice AGULHON - Coup d'État et République. - Paris : Presses de Sciences Po, 1997. (La Bibliothèque du citoyen).
- Noam CHOMSKY, Idéologie et pouvoir, EPO, 1991
- Noam CHOMSKY, Comprendre le pouvoir, Ed Aden, 2005
- Noam CHOMSKY, De la propagande. Entretiens avec David Barsamian, Fayard, 2002
- Noam CHOMSKY, La théorie des bonnes intentions. Entretiens avec David Barsamian, Fayard, 2006
- Ronald CREAGH, L'anarchie aux USA, Didier Erudition, 1986
- Annie et Laurent CHABRY, Le pouvoir dans tous ses états, Imago, 2003
- Luciano CANFORA, L'imposture démocratique. Du procès de Socrate à l'élection de Georges W. Bush, Flammarion, 2003
- Serge BERNSTEIN (dir.), Les cultures politiques en France, Paris, Le seuil, 1999

- Pierre BRECHON, *La France aux urnes. Cinquante ans d'histoire électorale*, Paris, Les études de la documentation française, 1998, 3ème édition
- Pierre BRECHON, A Laurent, P. Perrineau (dir.), *Les cultures politiques des Français*, Paris, presse des Sciences Po, 2000
- Pierre BRECHON (dir.), *Les partis politiques français*, Paris, Les études de la documentation française, 2001
- Pierre BRECHON (dir.), *les élections présidentielles en France. Quarante ans d'histoire politique*, Paris, Les études de la documentation française, 2002
- G GRUMBERG, N MAYER, P. M. SINDERMAN (dir.), *La démocratie à l'épreuve. Une nouvelle approche de l'opinion des Français*, Paris, Presse de sciences Po, 2002
- Mendel Gerard MENDEL, *Pourquoi la démocratie est en panne. Construire la démocratie participative*, La découverte, 2003
- Sandrine RUI, Didier LAPEYRONNE, *La démocratie en débat. Les citoyens face à l'action publique*, Armand Colin, 2004
- Yves SANTOMER, *Le pouvoir au peuple. Jurys citoyens, tirage au sort et démocratie participative*, La découverte, 2007
- Christian LEQUESNE, Monika MACDONAGH-PAJEROVA, *La citoyenneté démocratique dans l'Europe des vingt sept*, L'harmattan, 2007
- Vincent TIBERI, Florent GAUGOU, Solin LAPLANCHE-SERVIGNE, Peugny Camille, Les mots des présidentielles, Les Presses de sciences Po, 2007

- Anne DHOQUOIS, Marc HATZFELD, *Petites fabriques de la démocratie. Participer : idées, démarches, actions*, Les éditions Autrement, 2007
- Marcel GAUCHET, *La démocratie contre elle-même*, Gallimard, 2002
- Madeleine ARONDEL-ROHAUT, Philippe ARONDEL, Gouvernance : *une démocratie sans le peuple* ? Ellipses Marketing, 2007
- Etienne-F AUGE, Petit traité de propagande. *A l'usage de ceux qui la subissent*, Les éditions De Boeck, 2007
- Edward BERNAYS, Oristelle BONIS, *Propaganda. Comment manipuler l'opinion en démocratie*
- Noberto BOBBIO, Oristelle GHERARTI, *Le futur de la démocratie*, la découverte, 2007
- Céline BRACONNIER, Jean-Yves DORMAGEN, *La démocratie de l'abstention. Aux origines de la démobilisation en milieu populaire*, Gallimard, 2007
- Jeanne PLANCHE, *Société civile. Un acteur historique de la gouvernance*. Mayer (Charles Léopold) ECLM, 2007
- Pierre ROSANVALLON, *Le peuple introuvable. Histoire de la représentation démocratique en France*, Gallimard (éditions), 2002
- Pierre ROSAVALLON, *La légitimité démocratique. Impartialité, réflexivité, proximité*, Seuil, 2008
- Christian SALMON, *Storytelling. La machine à fabriquer des histoires et à formater les esprits*, La Découverte, 2007
- Dominique SCHNAPPER, *Qu'est ce que la citoyenneté ?* Gallimard (éditions), 2000

- Laurent COHEN, *Le droit sans l'Etat*, PUF, collection Quadrige – Essais débats, 2007
- Jean-Claude CARON, *La nation, l'Etat et la démocratie en France de 1789 à 1994*, Editions Armand Colin, Collection U, 1995
- Blandine KRIEGEL, *La politique de la raison*, Payot et Rivages, 1994
- Arona Ndoffène DIOUF, *Senghor et Diouf, 40 ans après... Derrière le mythe, la réalité d'un héritage*, Greensboro, USA, 2006.
- Banque Mondiale (2001), *Rapport sur le développement dans le monde 2000/01: combattre la pauvreté,* Editions
- ESKA, Paris (version anglaise publiée en 2000 par Oxford University Press, New York).
- J.N. BHAGWATI (2002), *"Democracy and Development: Cruel Dilemma or Symbiotic Relationship?"* Review of Development Economics, 6(2), pp.151-162.
- Olivier BISCAYE, Nicole CHAMBRON, Carole DESMARAIS, Michel MENGUY, *Avis de recherche. Citoyen en bon état général*, éditions du papyrus, 2007.
- Jacques BAGUENARD, Les drogués du pouvoir, éditions Economica, 2006.
- R.J. DALTON, N.T. Ong (2003), *Authority Orientations and Democratic Attitudes in East Asia: A Test of the Asian Values Hypothesis*, Centre for the Study of Democracy, University of California, Irvine (www.democ.uci.edu).
- Y. FENG (2003), *Democracy, Governance, and Economic Performance. Theory and Evidence*, MIT Press, Cambridge, Massachusetts.
- C. GRAHAM, S. SUKHTANKAR (2002), *Is Economic Crisis Reducing Support for Markets*

- *and Democracy in Latin America? Some evidence from Economics of Happiness*, Center on Social and Economic Dynamics Working Paper Series, The Brookings Institution.
- L. HARRISSON, S. HUNTINGTON (eds.) (2000), *Culture matters: How values shape human progress*, New York: Basic Books.
- R. INGLEHART (1997), *Modernization and Postmodernization. Cultural, economic and political change in 43 societies*, Princeton University Press, Princeton, 453p.
- A. PRZEWORSKI, M. ALVARE, J.A. CHEIBUB, F. LI%ONGI (2000), *Democracy and Development: Political Institutions and Well-Being in the World, 1950-1990.* Cambridge: Cambridge University Press.
- M. RAZAFINDRAKOTO, F. ROUBAUD (2002), *Pensent-ils différemment ? La voix des pauvres à travers les enquêtes statistiques*, in J.-P. CLING, M. RAZAFINDRAKOTO, F. ROUBAUD, (dir.), *Les nouvelles stratégies internationales de lutte contre la pauvreté*, Economica, Paris, pp.139-161.
- Jean-Jacques SUEUR (sous la direction de), Juger les politiques, l'Harmattan, 2001.
- A. VARSHNEY (1999) "Democracy and Poverty", Paper for the Conference on World Development Report 2000, organized by the U.K. Department for International Development and the Institute of Development Studies, Sussex, August 15-16.
- J. WALTON, D. SEDDON (1994), *Free Markets and Food Riots: The politics of global adjustment.* London: Blackwell.
- S.B. WEBB, S. HAGGARD (1994), *Voting for Reform: Democracy, Political Liberalization, and Economic Adjustment,* Oxford University Press,

World Bank, July.
- Guy GROUX, *L'ère de l'information, tome 1 : la société en réseaux*, Paris, Fayard.
- G. GROUX, (sous la direction de), « L'emploi, l'entreprise : nouvelles normes, nouvelles règles (Dossier) », Droit et Société, Librairie générale de droit et de jurisprudence, (LGDJ), 1999
- Guy GROUX, (sous la direction de), *L'action publique négociée. Approches à partir des « 35 heures ». France-Europe*, Paris, L'Harmattan Editions, Collection : Logiques politiques. 2001.
- Pierre ROSANVALLON, *La démocratie inachevée. Histoire de la souveraineté du peuple en France*, Paris, Gallimard 2000.
- Abraham EHEMBA, Armée et nation, mémoire de DEA géopolitique, Institut français de géopolitique, Université Paris 8 Vincennes, 2005
- Mamadou NDIAYE, *Le rôle des médias dans la réalisation de l'alternance politique au Sénégal*, mémoire pour le diplôme universitaire de recherche, université Michel Montaigne Bordeaux 3, 2002
- Jean IZOULET, *La cité moderne. Métaphysique de la sociologie*, 2ème édition (augmentée), Alcan, 1895.
- Léon GAMBETTA, *Discours du 26 septembre 1872 à Grenoble*, repris dans *Discours et plaidoyers politiques de M Gambetta* (publiés par Joseph Reinach), Charpentier, 1881-1883
- Emile DURKHEIM, *Note critique sur la France au point de vue moral* d'Alfred Fouillé, L'année sociologique, vol. IV, 1900, p 443-445.
- Emile BOUTIMY, *Quelques* idées sur la création d'une faculté libre d'enseignement supérieur, Lainé, 1871

- Charles BENOIST, *La crise de l'Etat moderne*, Firmin-Didot, 1889.
- Raymond ARON, *L'opium des intellectuels*, Calmann-Lévy, 1955.
- Charles CHRISTO'PHE, *Naissance des intellectuels (1880-1900)*, éditions de Minuit, 1900 (réédition en 2001).
- Michel WINOCK, *Le siècle des intellectuels*, Paris, Editions du Seuil, collection Points, 1999.
- François DOSSE, *La marche des idées. Histoire des intellectuels, histoire intellectuelles*, Paris La Découverte, 2003.
- ERASME, *La civilité puérile (1530)*, éditions Klincksieck, 1990.
- Elias NORBERT, *La civilisation des mœurs (1939)*, éditions Presse-Pocket, 1976.
- Sébastien ROCHER, *La société incivile*, Seuil, 1996.
- Christine DOLLO, ECJS de l'IUFM d'Aix-Marseille, 2001

Autres ressources bibliographiques

www.seneweb.com
www.lematindz.net
www.persee.fr

La politique telle qu'elle est détournée de ses objectifs =

« Je participe,

Tu participes,

Il/elle participe,

Nous participons,

Vous participez,

Ils profitent ».

L'Etat est le plus froid des monstres froids. Il ment froidement ; et voici le mensonge qui s'échappe de sa bouche : "Moi l'Etat, je suis le peuple.

Friedrich Nietzsche

Là où finit l'Etat, regardez donc, mes frères ! Ne voyez-vous pas l'arc-en-ciel et le pont du surhumain ? Ainsi parlait Zarathoustra.

F. Nietzsche

Reconnaissance

A mes chers défunts parents qui m'ont tout donné et à qui je n'ai pas eu l'occasion de « rendre la monnaie ». Reposez en paix. Que le Seigneur vous récompense au Centuple et vous comble de tous ses bienfaits.

A mes frères Tombon et André pour leur soutien, Mention spéciale à M.T. pour tout ce que tu fais pour moi,

A mon oncle Moussa Nthiolly,

A ma famille « *ka-Djimo* »

Une pensée particulière à Feu Abraham EHEMBA, un cher ami décédé le 30 août 2009. A ton jeune âge mec, tu étais déjà un modèle pour beaucoup de personnes qui t'ont connu. Ta vie a été malheureusement très courte mais elle restera, à jamais, un roman. Repose en paix « Egnab ». Que Dieu protège tous les tiens (amis, proches et famille) que tu as laissés ici-bas.

A tous mes proches, frères et sœurs (Filou, Méta, Mabintou), cousins et cousines, tantes et oncles, mais aussi les amis et tous ceux qui de près ou de loin me manifestent leur amour. Oui, l'amour n'est-il pas d'ailleurs la meilleure chose que nous puissions nous offrir dans ce bas monde ?

A ma fille Aminata Oupeli et à tous mes neveux et nièces que j'adore bien. Je voudrais citer Lissa, Oussouna, Werséné et j'en passe,

A toi Mimi Ehemba, pour notre relation fraternelle,

A ma sœur Mariama, en prenant la volonté de porter tous tes frères sur ton dos à l'image d'une maman, les mots me manquent pour t'exprimer mon affection et mon immense reconnaissance,

A mon cher ami et frère Moussa Diounkou Gomis et son épouse Aramata pour l'attachement humain qui nous lie tant,

A madame Ndiaye Aïssatou Marna ainsi qu'à Mody et Néné, M et Mme Maro Malamine,

A M Ndiaye Fabakary et sa famille à Sainte-Geneviève-des-Bois (France),

A Pascal Ingo et David Fabre (Savigny-sur-Orge, France), à Kalifa Mendes et son épouse Fatou Bintou,

A mon oncle Martin Carolome Mendy pour vos précieux conseils ainsi qu'à tous les autres oncles,

A Emmanuel dit Noël Corréa et sa famille à Paris,

A Ousmane Bathia (Paris) pour ton soutien,

Aux belles-sœurs Eli et Néné,

A mes *sisters* Bernadette Sonko, Mame Denise Corréa et Hélène Chaupin,

A mes frangines adorées Diarry, Awading, Aïda, Ndèye Gomis ; à Dianké Mendy, son mari et leurs enfants,

A mon grand Ndiaye Ousmane Gomis (Garges-Sarcelles) ; à Mamoudou Ndiaye (Sevran),

A Barry Boubacar et Ndiaye Adama (Barcelone),

A Ibrahima Diallo et sa famille à Diamniadio,

A la famille Sylla (Ziguinchor),

A Joseph Bacary Dicou (Brétigny) pour ses encouragements et la confiance qu'il nous porte,

A Gomes Malick et sa famille à Villejuif,

A Siabatou,

Aux familles Gomes (Jules), Joao Bate (Modibo), Diakhaté (Ousseynou), Tidiane Soumaré à Sevran, pour l'attachement humain qui nous lie,

Aux membres de l'association Manteunkar, je reste très sensible au respect qui nous lie. Je ne peux m'aventurer à citer vos noms de peur d'oublier certains,

A Seckou Ndiaye et Foulo Basse,

A monsieur Mandiang Malang (Ste-Geneviève-des-Bois). Même si une certaine affinité ne nous rapproche pas, je suis conscient de l'estime que vous me vouez et je voudrais, par ces lignes, vous manifester toute ma reconnaissance. Puisse le Seigneur des Mondes vous gratifier de Tous Ses Bienfaits et bénir votre famille,

A Laurent Maro et toute sa famille à Longjumeau,

A mes amis Abass Sagna, Massèye Gaye, Mansour Sall, Mor Guèye, Mbafodé Sylla, Abdou Khadre Niaria, Lamine Ndiaye, Massèye Gaye, Aboubakry Dème, Charles Sarr pour le combat citoyen que nous menons ensemble,

A Souleymane Atta Diouf et Sidi Fall, dirigeants du MSU France,

Bref, de peur d'oublier certains noms, je ne peux citer toutes les personnes qui me sont chères et qui font preuve de « cœur d'Ange » à mon endroit. Que chacun (cité ou pas) trouve ici ma très profonde et inaltérable affection,

Mention spéciale à Mamadou Alassane Ndiaye pour sa très brillante contribution à ce travail.

Je remercie tout particulièrement mon ami Jacques Ténier, Magistrat et Professeur à l'Institut d'Etudes Politiques de l'université de Rennes pour sa disponibilité, son enjouement et l'enthousiasme qu'il a manifesté pour préfacer ce livre.

Tous mes sincères remerciements aux concitoyens qui m'ont accordé le privilège de sonder leurs convictions. En écrivant ce livre, nous nous engageons à leur rendre davantage justice.

Merci à mon ami et frère Lamine Dobassy, doctorant en Droit, pour son travail de relecture,

Merci à tous ceux et à toutes celles qui nous manifestent leur amour (ou même leur mépris) car vos attitudes positives comme négatives nous incitent forcément à donner le meilleur de nous-mêmes dans les épreuves à surmonter ou dans les défis à relever.

Enfin, « *Heureux êtes-vous lorsque l'on vous insulte, que l'on vous persécute et que l'on dit faussement contre vous toute sorte de mal à cause de moi (nous). Soyez dans la joie et l'allégresse car votre récompense est grande dans les cieux ; c'est ainsi en effet qu'on a persécuté les prophètes qui vous ont précédés* ».

Les Béatitudes, Mathieu V ; 11 et 12.

Table des matières

Préface 13
Préambule 15
Avant-propos 21
Introduction 31
chapitre I 39
L'approche du pouvoir en Afrique 39
Vers un affaiblissement du cadre national 44
Chapitre II 61
Itinéraire de la victoire démocratique du 19 mars 2000 .. 61
Chapitre iii 69
L'alternance politique du 19 mars 2000 : affirmation du dogme démocratique mais… 69
I. ....une démocratie post-alternance imparfaite 72
II. .... La face cachée de l'alternance ou l'avènement d'une république des vanités … et de l'hypocrisie 86
III. .... Néanmoins, une prise de conscience citoyenne voit progressivement le jour 89
Chapitre iv 93
A vous de juger 93
I.   La fin justifie les moyens 93
II.   Ils ont dit… 97
III.   Et maintenant parlons-en 104
Chapitre V 109
Etat des lieux sur le fonctionnement des contre-pouvoirs 109
I.   Une presse publique aux ordres 109
II.   L'élite intellectuelle en question dans la consolidation de la démocratie sénégalaise 113
III.   Les jeux des alliances « contre-nature » : signes d'une opposition en panne de stratégie ? 120
IV.   Responsabilité et responsabilisation des jeunes dans la vie publique 123
V.   Civisme et civilité en question 129

VI. Une justice en garde-à-vue................................ 138
Chapitre VI... 147
L'anecdote Wade/Seck : entre impunité et raison d'Etat 147
Chapitre VII 153
La démocratie sénégalaise face à de nouveaux défis..... 153
I. Nécessité d'une réflexion sur le rôle et la responsabilité des médias dans la consolidation de la démocratie... 155
II. L'exigence d'une démocratie sociale................. 161
III. Renforcer les valeurs républicaines et laïques ... 165
IV. Promouvoir la démocratie plurielle et culturelle 183
V. Incarner une opposition responsable..................... 188
VI. Et si on parlait de la société civile ?................... 192
ChapitreVIII.. 197
Un autre Sénégal est possible mais à condition de réinventer une nouvelle citoyenneté 197
En guise de conclusion... 201
apres-dire.. 207
Mais enfin…... 207
I. Ce que je crois.. 207
II. (…) il ne faudrait pas conclure…...................... 216
Bibliographie... 227
Reconnaissance 239

L'HARMATTAN, ITALIA
Via Degli Artisti 15 ; 10124 Torino

L'HARMATTAN HONGRIE
Könyvesbolt ; Kossuth L. u. 14-16
1053 Budapest

L'HARMATTAN BURKINA FASO
Rue 15.167 Route du Pô Patte d'oie
12 BP 226
Ouagadougou 12
(00226) 76 59 79 86

ESPACE L'HARMATTAN KINSHASA
Faculté des Sciences Sociales,
Politiques et Administratives
BP243, KIN XI ; Université de Kinshasa

L'HARMATTAN GUINÉE
Almamya Rue KA 028
En face du restaurant le cèdre
OKB agency BP 3470 Conakry
(00224) 60 20 85 08
harmattanguinee@yahoo.fr

L'HARMATTAN CÔTE D'IVOIRE
M. Etien N'dah Ahmon
Résidence Karl / cité des arts
Abidjan-Cocody 03 BP 1588 Abidjan 03
(00225) 05 77 87 31

L'HARMATTAN MAURITANIE
Espace El Kettab du livre francophone
N° 472 avenue Palais des Congrès
BP 316 Nouakchott
(00222) 63 25 980

L'HARMATTAN CAMEROUN
Immeuble Olympia face à la Camair
BP 11486 Yaoundé
(237) 458.67.00/976.61.66
harmattancam@yahoo.fr

L'HARMATTAN SÉNÉGAL
« Villa Rose », rue de Diourbel X G, Point E
BP 45034 Dakar FANN
(00221) 33 825 98 58 / 77 242 25 08
senharmattan@gmail.com

526829 - Avril 2013
Achevé d'imprimer par

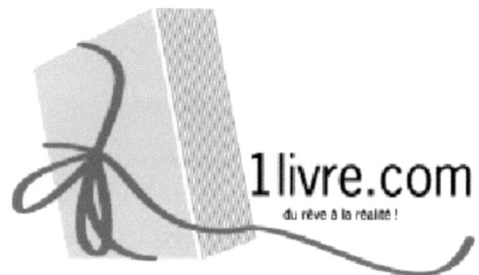